BEI GRIN MACHT SICH IHR WISSEN BEZAHLT

- Wir veröffentlichen Ihre Hausarbeit, Bachelor- und Masterarbeit

- Ihr eigenes eBook und Buch - weltweit in allen wichtigen Shops

- Verdienen Sie an jedem Verkauf

Jetzt bei www.GRIN.com hochladen und kostenlos publizieren

Bibliografische Information der Deutschen Nationalbibliothek:

Die Deutsche Bibliothek verzeichnet diese Publikation in der Deutschen National-
bibliografie; detaillierte bibliografische Daten sind im Internet über http://dnb.d-
nb.de/ abrufbar.

Impressum:

Copyright © 2013 GRIN Verlag, Open Publishing GmbH
Druck und Bindung: Books on Demand GmbH, Norderstedt Germany
ISBN: 9783668232181

Dieses Buch bei GRIN:

http://www.grin.com/de/e-book/324053/zusammenfassung-zu-grundlagen-und-
neue-entwicklungen-der-gender-studies

Ella Lamper

Zusammenfassung zu "Grundlagen und neue Entwicklungen der Gender Studies"

GRIN Verlag

GRIN - Your knowledge has value

Der GRIN Verlag publiziert seit 1998 wissenschaftliche Arbeiten von Studenten, Hochschullehrern und anderen Akademikern als eBook und gedrucktes Buch. Die Verlagswebsite www.grin.com ist die ideale Plattform zur Veröffentlichung von Hausarbeiten, Abschlussarbeiten, wissenschaftlichen Aufsätzen, Dissertationen und Fachbüchern.

Besuchen Sie uns im Internet:

http://www.grin.com/

http://www.facebook.com/grincom

http://www.twitter.com/grin_com

Grundlagen und neuere Entwicklungen der Gender Studies

15.10.2013	Einführung

> Brigitte-Langzeit-Studie
> *(Frage nach der Vereinbarkeit von Berufsleben und anderen Lebensbereichen)*
>   • Frauen wollen (bei 1. Und 2. Befragung) erwerbstätig sein, Karriere machen und finanziell unabhängig sein
>   → Gesellschaft erwartet dass Frauen finanziell unabhängig sind
>   • (Widerspruch) Frauen werden wenn sie Mütter sind in Teilzeitjobs „abgeschoben" und sind für unbezahlte Arbeit zuständig wie z.B.: Kinder, Haushalt, Angehörige pflegen, Selbstreproduktionstätigkeiten
>   • Bei Frauen herrscht ein großer Unmut über die Beteiligung der Männer
>   • Es gibt einen großen Kinderwunsch aber wenig Kinder
>   → Kinderwunsch wird immer weiter nach hinten verschoben
>   → 25-35jährige Frauen stehen unter enormen Druck, müssen sich entscheiden Karriere ohne Kinder oder Kinder ohne Karriere (nicht verbindbar)
>   • Männer erwarten mehr als vorher dass die Partnerin Geld verdient und finanziell unabhängig ist

22.10.2013	2.Begriffsklärung/Entstehung (verkürzte Vorlesung)

> Begriffsklärung: Geschlechterforschung
>   > Junges Lehrgebiet
>   > Hat gesellschaftspolitische Wurzeln und ist in gesellschaftlichen Konfliktfeldern entstanden
>   > Ende des 19. Jh. Entstanden (Industrialisierung& Krisenzeit)
>   > Im Kontext der neuen sozialen Bewegung entstanden
>   (besonders im Kontext der Frauenbewegung, die sich für Frauenrechte einsetzte und Unterdrückung von Frauen zu einem öffentlichen Diskussionsthema machte)

> Gender Studies …
>   > Ist **nicht** Politik
>   > ist **nicht** gleichzusetzen mit Frauen(benachteiligung) sondern ein umfassender Begriff und systematische Betrachtung auf das Verhältnis der Geschlechter
>   > ist ein Fachgebiet in dem es um Wissensproduktion geht, will eine fundierte Wissensgrundlage darüber erzeugen wie Männer/Frauen aktuell in der Gesellschaft leben und an welchen Stellen gesellschaftliche Phänomene mit Geschlechterstereotypen verbunden werden

> Gender (lat. Genus: Geschlecht)

> Entwicklung Gender Studies
>   1. zu Beginn Lehr- u. Forschungsgebiet was sich **Feministische Frauenforschung** nennt
>   • an manchen Hochschulen als Frauenforschung mit feministischen Kern eingeführt
>   • erste Anfänge d. G.S. als Frauenforschung 1970er Jahre und 80er Jahre
>   • Bezeichnung: strategische Entscheidung um Akzeptanz zu gewinnen (an Hochschulen)
>   • Analyse patriarchaler Unterdrückung

- Gesellschaftskritik
- Kritik an einer Wissenschaft, die patriarchale Unterdrückung legitimiert
- Forschung von Frauen und über Frauen (bzw. Geschlechterverhältnisse)
- Reflexive Forschung: ist sich ihrer eigenen Bedingtheit durch gesellschaftliche Verhältnisse bewusst und reflektiert dies mit

2. Gender Studies/Geschlechterforschung

- 1990er Jahre, Gebiet hat sich verändert → Umbenennung (vor allem an Universitäten) →hat sich aus der Frauenforschung heraus entwickelt
- Hauptsächlicher Grund für Umbenennung: Widerspiegelung im Begriff dass es nicht nur um Frauen geht („Fokus")
- Grundauffassung: Menschen leben in gesellschaftlichen Geschlechterverhältnissen
- Diskussion ob man mit Wechsel der Bezeichnung Analyse von Ungleichheit und Kritik (kritische Seite) verliert → Debatte heute nicht mehr so wichtig

➤ Frauen- und Geschlechterforschung
- Heute häufig gewählte Bezeichnung um beidem gerecht zu werden
- Es gibt eine Koexistenz von beidem
- Kein statisches Gebiet, da es sich entwickelt halt

➤ Frauenbewegung
- Soz. Bewegung seit den 1970er und 80er Jahren
- Wichtiger Bezugspunkt aus dem es gesellschaftlichen Widerstand gegen herrschende Verhältnisse gab
- Daraus entwickelte sich Forschungsrichtung, die Gesellschaft selbst untersucht/analysiert will um sinnvoll Politik machen zu können
- Wurzeln in Studierendenbewegung (60er)
- Es ging darum die persönlichen Verhältnisse als Teil der politischen Verhältnisse der Gesellschaft zu begreifen (sehen dass individuelle Lebenssituation gesellschaftliche Ursachen hat) „Politisierung" → persönliche Verhältnisse sollen als Machtverhältnisse analysiert werden
- Eine Bewegung kommt zu Stande weil mehrere Personen realisieren dass es sie nicht alleine betrifft → es wird versucht Unterdrückungsmuster gesellschaftlich zu thematisieren
- Neuen Begriffe in der Diskussion: Gender Mainstreaming, Managing Diversity
- Def.: Frauenbewegung (Lenz)
  „Frauenbewegungen sind mobilisierende AkteurInnen, die sich in verschiedenen sozialhistorischen Milieus entwickeln. In ihnen setzen sich Personen unter maßgeblicher Beteiligung von Frauen für einen grundlegenden Wandel der Geschlechterverhältnisse und damit verbundener gesellschaftlicher Ungleichheit und Abwertung ein. Sie kritisieren die herrschenden gesellschaftlichen Leitbilder, Normen und Diskurse und entwerfen Alternativen, die zu neuen Normierungen führen können. Frauenbewegungen artikulieren sich in und zu Modernisierungsprozessen und tragen auf vielfältige Weise zu ihnen bei- indem sie fördern, beeinflussen oder auch hemmen und kanalisieren"

Kennzeichen: (1) Breite/Plural, viele verschiedene Bewegungen (2) praxisgerichtet, politische Akteure (3) nicht normativ, Def. benennt nicht einen einzelnen Missstand als

Hauptproblem sondern offen (4) empirisch offen bei der Lösung, man will Lösungen finden aber es wird nicht gesagt welche (5) Frauenbewegungen befinden sich im Erbe der Aufklärung, lassen sich in die Aufklärung einordnen

---

29.10.2013   3. Begriffserklärung …Teil 2

➤ Verhältnis-Dreieck (Nina Degele)

Frauenbewegung

Gleichstellungspolitik   Wissenschaft
In Institutionen   (Gender Studies)

- Ausgehend von der Frauenbewegung hat sich Frauenpolitik institutionalisiert als auch die Frauen und Geschlechterforschung → dauerhaft verfestigt
- Es gibt auch soziale Bewegungen die agieren ohne eine verfestigte Form zu haben (politische Zusammenschlüsse mit dem Ziel auf gesellschaftlich-pol. Wandel hinzuwirken)
- Frauenbewegungen gibt es länger als Gleichstellungspolitik und Gender Studies
- Aus der Frauenbewegung sind auch noch weitere Einrichtungen erschaffen worden, die nicht eindeutig Wissenschaft oder Gleichstellung zuzuordnen sind (z.B. Frauenhäuser)
  ➤ Viele Einrichtungen sind in den 80er Jahren entstanden aus bestimmten Politikthemen die in der Frauenbewegung eine zentrale Rolle gespielt haben/spielen in Form von zunächst temporär gedachten Projekten die sich nach und nach etabliert haben in Form von Einrichtungen haben Akteure diese Themen professionalisiert und Orte geschaffen in den Politikbereichen die die Gesellschaft vernachlässigt hat aufzugreifen und konkrete Angebote zu schaffen → wirken auf gesellschaftlichen Wandel hin
- Begriffe: Frauenforschung und Gender Studies können wir nur in ihrer historischen Dimension angemessen erfassen und sie verändern sich im Zeitverlauf

➤ Wellen der Frauenbewegung
  1. Welle (bürgerliche& proletarische)
  ➤ Ende des 19. Jh. Bis 1920er Jahre
  ➤ Zentrale Ziele: Zugang von Frauen zum Studium, Stimmrecht/Wahlrecht für Frauen

  2. Welle
  ➤ Seit 1970er Jahren (Zusammenhang: Bewegung der Studierendenschaft)
  ➤ Zentrale Ziele: Selbstbestimmung (Körper, Beruf, Bsp.: Abtreibung), politische und ökonomische Gleichberechtigung
  ➤ Häusliche/sexualisierte Gewalt war Thema

  3. Welle
  ➤ Seit 1990er Jahren
  ➤ Ausgehend von der Weltfrauenkonferenz in Peking 1995, wo Frauen eine neue Form der Verbündnispolitik gesucht haben um z.B. internationale Solidarisierung zu erreichen
  ➤ Wollen Frauen- und Menschenrechte zusammen bringen

➤ Feminismus
  ➤ Politischer Begriff, kann nicht mit Frauenbewegung gleichgesetzt werden o. Gender Studies
  ➤ 1880 in Frankreich geprägt
  ➤ Teil des europ. Demokratisierungsprozesses
  ➤ Verankerung von Menschenrechten im Kontext der franz. Revolution (Aufklärung) 1789

- ➢ Ausweitung der Menschenrechte auf Frauen durch Olympe de Gouges „Erklärung der Rechte der Frau und Bürgerin" (1791)
- ➢ Frühsozilist Charles Fourier: Befreiung der Frauen als Gradmesser der menschlichen Entwicklung
- ➢ Gängiger Begriff in der 1. Welle der Frauenbewegung in DE „Emanzipation"
- ➢ Feminismus-Begriff wird von 2. Welle der Frauenbewegung aufgegriffen
- ➢ Jüngere Aktualisierung (des Begriffs): nicht mehr vorrangig Patriarchatskritik sondern auch wieder mehr Verbindung mit Kapitalismuskritik um soziale Ungleichheit in Bezug auf Geschlecht zu erfassen

„Feminismus lässt sich als Ensemble von Debatten, kritischen Erkenntnissen, sozialen Kämpfen und emanzipatorischen Bewegungen fassen, das die patriarchalen Geschlechterverhältnissen, die alle Menschen beschädigen und die unterdrückerischen und ausbeuterischen gesellschaftlichen Mächte, die insbesondere Frauenleben formen, begreifen und verändern will" (Neudef. Hennessy 2003:155)

→ Kennzeichen/Unterschied der Definition
- Ensemble: Feminismus Oberbegriff, soz. Bewegungen
- Soz. Ungleichheit usw. erkennen, diskutieren, öffentlich machen
- Ziel: politische Veränderung

→ Besonderheiten
- Es werden Strukturfolgen statt Schuldzuschreibungen (an Männer) ins Zentrum gestellt
- Es geht um Auswirkungen auf alle Menschen, auf Frauen besonders
- Es werden auch andere soziale Ungleichheiten mitgedacht
- Stellt gesellschaftliche Strukturen ins Zentrum die Ungleichheit produzieren
- Man geht davon aus dass alle Menschen Nachteile von soz. Ungleichheit haben (auch Männer), Frauen besonders
- Soll als Strukturproblem betrachtet werden auf das man strukturelle Antworten finden muss und keine individuellen Schuldzuweisungen
- Ungleichheiten= Plural= viele Arten patriarchaler Unterdrückung (verschiedenartig)
- Ökonomische Verhältnisse werden mehr thematisiert!

- ➢ Orientierung/Bereiche
  1. Bereich: Wissenschaft
  - ➢ Frauenforschung/ Gender Studies-Geschlechterforschung/ Frauen- u. Geschlechterforschung
  - ➢ Zentraler Fokus: Phänomene untersuchen, Verhältnisse erkennen und begreifen

  2. Bereich: Politik
  - ➢ Frauenbewegungen/Feminismus/Gleichstellungspolitik
  - ➢ Zentraler Fokus: begreifen, engagieren, Verhältnisse verndern

Was verbindet beide Bereiche?

-Wissenschaftliche Erkenntnisse können Grundlage politischer Erkenntnisse/Forderungen werden

Verpasst-Inhaltlos....

- ➤ Begriffe der Forschung
- ➤ Segregation
  - • Horizontale Segregation: (ungleiche) Verteilung von Frauen und Männern auf unterschiedliche Gebiete, Fächer (Fächergruppen, Berufsgruppen und Tätigkeitsfelder) usw.
  - • Vertikale Segregation: (ungleiche) Verteilung von Frauen und Männern auf unterschiedlichen Hierarchieebenen (in einem Berufsfeld oder einer Organisation)

- ➤ Deklaration zur Beseitigung jeder Form von Diskriminierung der Frau(1980)
  - • Diskriminierung von Frauen heißt: Art.1
    „Jede mit dem Geschlecht begründete Unterscheidung, Ausschließung oder Beschränkung , die zur Folge oder zum Ziel hat, dass die auf die Gleichberechtigung von Mann und Frau gegründete Anerkennung, Inanspruchnahme oder Ausübung der Menschenrechte und Grundfreiheiten durch die Frau- ungeachtet ihres Familienstands- im politischen, wirtschaftlichen, sozialen, kulturellen, staatsbürgerlichen oder jedem sonstigen Bereich beeinträchtigt oder vereitelt wird."
- ➤ Grundgesetz der Bundesrepublik Deutschland (1949)
  - • Art. 3
    (1) Alle Menschen sind vor dem Gesetz gleich.
    (2) Männer und Frauen sind gleichberechtigt. Der Staat fördert die tatsächliche Durchsetzung der Gleichberechtigung von Frauen und Männern und wirkt auf die Beseitigung bestehender Nachteile hin.
    (3) Niemand darf wegen seines Geschlechtes, seiner Abstammung, seiner Rasse, seiner Sprache, seiner Heimat und Herkunft, seines Glaubens, seiner religiösen oder politischen Anschauungen benachteiligt oder bevorzugt werden. Niemand darf wegen seiner Behinderung benachteiligt werden.
- ➤ Erklärung der Rechte der Frau und Bürgerin (Olympe de Gouges, 1791)
  - • Art.1 „ Die Frau ist frei geboren und bleibt dem Manne gleich in allen Rechten. Die sozialen Unterschiede können nur im allgemeinen Nutzen begründet sein"
  - • Art. 2 „Ziel und Zweck jedes politischen Zusammenschlusses ist der Schutz der natürlichen und unveräußerlichen Rechte sowohl der Frau sowohl der Frau als auch des Mannes. Diese Rechte sind: Freiheit, Sicherheit, das Recht auf Eigentum und besonders das Recht auf Widerstand gegen Unterdrückung"

| 12.11. 2013 | 5. Vorlesung-wichtige Begriffe |

- ➤ Verankerung von Grundrechten
  - - Gelten ausnahmslos für alle
  - - Es dürfen keine Unterschiede zw. Den Menschen gemacht werden
  - - Gleichheit vor dem Gesetz
  - - Gleichberechtigung von Männern und Frauen
  - - Niemand darf bevorzugt oder benachteiligt werden
  - - 1994 wurde Artikel in das GG hinzugefügt, der Diskriminierungsauftrag enthält (aktiv Gleichberechtigung herstellen)

→ Formalia reicht nicht aus

➢ Diskriminierungspolitik
- Deklaration zur Beseitigung jeder Form der Diskriminierung der Frau (1980)
→ Diskriminierung: jede mit dem Geschlecht begründete Unterscheidung, Ausschließung
oder Beschränkung, die zur Folge oder zum Ziel hat…dass…Gleichberechtigung
beeinträchtigt oder vereitelt wird
- Grundgesetz der BRD regelt die wesentlichen staatlichen System- u.
Werteentscheidungen (1949), Art. 120 regelt die unabänderlichen Grundsätze Art. 3
ist für die Chancengleichheit zentral
→ Zusatz von 1994 Abs. 2: „ Der Staat fördert die tatsächliche Durchsetzung der
Gleichberechtigung von Frauen und Männern und wirkt auf die Beseitigung bestehender
Nachteile hin"

➢ Cartoon
→ formale Gleichheit aber ungleiche Ausgangsbedingungen
→ Voraussetzungen sind ungleich deswegen muss es aktiv verändert werden um ungleiche
Voraussetzungen abzubauen z.b. mit „ungleichem Recht" Bsp.: Förderung von Frauen
→ Chancengleichheit ist nicht Gleichberechtigung

➢ Formen der Diskriminierung
1. Unmittelbare Diskriminierung
- Einzelne Rechte werden direkt vorenthalten z.B. Wahlrecht oder Frauenlöhne
- Rechtlich weitgehend abgeschafft
2. Mittelbare Diskriminierung
- Prinzipiell geschlechtsneutral formulierte Normen wirken sich aber auf ein
Geschlecht negativ aus z.B. rechtliche Nachteile für Teilzeitarbeit
3. Strukturelle Diskriminierung
- Die praktische Nutzung von Regelsystemen/Normen bewirkt Benachteiligung
unabhängig ob das beabsichtigt ist oder nicht, ist aber statistisch nachweisbar, z.B.
soziale Normen und rechtliche Rahmenbedingungen, die berufliche Karriere
beeinträchtigen

➢ Androzentrismus
- Erklärt wie strukturelle Diskriminierung häufig entsteht
- Gender Studies haben den Begriff gebildet
- Def.1: „ eine Sache wird als allg. menschliches ausgegeben, eigentlich aber „männlich"
gedacht weil sie die Lebenssituation von Männern als allg. Norm setzt"
- Def.2: „ Zentrierung auf Männlichkeit(en) u. Männer, ihre Werte, Normen und
Lebenszusammenhänge
→ Normen werden im Androzentrismus absolut gesetzt (verbindlich für alle)
→ Erfahrungen, Perspektiven, Äußerungen von „Anderen" (auch Frauen bleiben
berücksichtigt)
→ Mann wird verabsolutiert
- Bsp.: (Umfrage) Vorstellung Naturwisenschaftler mit Bart und Brille

➢ Androzentrismus- weitere Beispiele
- Medikamententests

→ Männer als Testpersonen, weil Schwangerschaftsrisiko bei Frauen besteht aber Ergebnis wird verallgemeinert
- Normalarbeitsverhältnis
→ Arbeit als Erwerbstätigkeit, ignorieren andere Tätigkeiten z.B. unbezahlte Hausarbeit (Reproduktionsarbeit), Vorstellung der Normalbiographie orientiert sich am üblichen Lebenslauf von Männern

➤ Patriarchat
- Def.1: „ die Beziehung zwischen den Geschlechtern, in denen Männer dominant sind und Frauen untergeordnet"
- Def.2: „ a system of social structures and social practices in which men dominate oppress and exploit women"
→ analytischer Begriff mit dem wir Gesellschaft untersuchen ob sie strukturell verankerte Dominanzpositionen besitzt
→ Monopolisierung von Machtpositionen durch Männer in allen sozialen Bereichen
→ meist strukturelle Benachteiligung, nicht willkürliches individuelles Fehlverhalten

➤ Schema: Wissenschaft – Politik
Wissenschaft/Gender Studies
• soziale Machtverhältnisse und Ungleichheit untersuchen
• Androzentrismen herausfinden
• Wissensgrundlagen bereitstellen zum Abbau von strukturellen Diskriminierungen
Politik
• politische Willensbildung zur Veränderung bestehender Ungleichheiten
• über geeignete Maßnahmen entscheiden zur Herstellung gesetzlich verankerter Chancengerechtigkeit
• geeignete Maßnahmen ergreifen

➤ Gleichstellungspolitik
• Instrument um Gleichberechtigung umzusetzen
→ wurde Ende der 1970er/Anfang der 1980er institutionalisiert
• Drei Wege bei der Institutionalisierung:
1. Engagement von Frauen in Parteien/Verbände/Gewerkschaften usw. um Einfluss auf Entscheidungen zu gewinnen
2. Etablierung der Gleichstellungspolitik als eigener thematischer Politikbereich auf Bundes-, Länder- und kommunaler Ebene
3. Einrichtung von eigenen Institutionen zur Durchsetzung von Gleichstellungspolitik: Gleichstellungsstellen oder –Beauftragte

➤ Gleichstellungsinstitutionen
- Auf Bundesebene
(Ministerium für Familie, Senioren usw., Frauenreferate in anderen Ministerien)
- Auf Landesebene
(meist kein eigenes Frauenministerium sondern sog. Mischministerien)
- Auf kommunaler Ebene
(Verpflichtung zur Einrichtung von Gleichstellungsstellen durch Landesgleichstellungsgesetze)

- Im öffentlichen Dienst Verpflichtung Gleichstellungsbeauftragte einzustellen
- In der Privatwirtschaft besteht keine Verpflichtung aber einzelne Unternehmen tun es → haben kaum Macht

➢ Gleichstellungspolitik arbeitet zu 3 zentralen Problembereichen (Themenbereiche)
1. Maßnahmen zur Verbesserung der Vereinbarkeit von Beruf und Familie
2. Unterstützung beim Zugang zu männerdominanten Bereichen
3. Erhöhung des Frauenanteils in Führungspositionen

➢ Gender-Mainstreaming (GM) und Managing Diversity (DM) Strategie
- Sind Top-Down-Strategien
  → keine Politik von unten, soll von oben aus nach unten wirken, soziale Bewegungen sollen keinen Druck auf die Zivilgesellschaft ausüben
  → Gemeinschaftsaufgabe: für Chancengleichheit sorgen, NICHT die Aufgabe der Benachteiligten
  → Führungsaufgabe
- Sind auf der Basis eines Rechtsverhältnisses o. Nutzenverhältnisses begründet
  → es geht nicht um Machtkritik der Unterdrückten sondern um die Einhaltung fester Verfahrensregeln oder die Gewinnung von ökonomischen Vorteilen
  → Gerechtigkeit und Moral stehen nicht mehr im Zentrum sondern Administration und Nutzen

➢ Gender-Mainstreaming (GM)
- Wurde für den Bereich Politik und öffentliche Verwaltung entwickelt
- Geschlechterfrage ist kein separater Politikbereich mehr, wird in den Hauptstrom der Politik einbezogen
  → auf allen Ebenen miteinbezogen
  → ressortübergreifen
- Europ. Konzept für EU 1999 mit dem Amsterdamer Vertrag verbindlich festgeschrieben
- Problem: Voraussetzung dass in allen Politikbereichen kompetente Menschen sitzen, die einen klugen und reflektierten Blick auf Geschlechterungleichheit haben

➢ Diversity Managment (DM)
- Wurde für den Bereich der Privatwirtschaft entwickelt
- Ist im USA-Kontext entstanden als Managementkonzept für Organisations- und Personalentwicklung
- Basisüberlegung: man kann den Unternehmenserfolg verbessern wenn man Unterschiede zwischen den Beschäftigten nicht bekämpft sondern aktiv fördert und nutzt
  → um das zu erreichen sollen alle Beschäftigten und die Organisation sich so entwickeln, dass alle Merkmale hinterfragt werden sollen, die in der Selbst- oder Fremdwahrnehmung Quellen von Diskriminierung und von Spannungen in der Zusammenarbeit darstellen (Kurz: Vorurteile sollen hinterfragt werden)
- Ziel: Bedingungen schaffen unter denen alle Beschäftigten sich optimal einbringen können und ihre Leistungsfähigkeit nicht beeinträchtigt wird
  → Teilziel: Gleichbehandlung der Geschlechter

- Problem: auch hier braucht es kompetente Menschen, besonders Führungskräfte damit nicht Vorurteile und Stereotypen über vermeintlich gesicherte Unterschiede einfach bestehen bleiben

---

19.11.2013   6. Vorlesung: Grundlagentexte-Virgina Woolf (1882-1941)

➢ Warum beschäftigen wir uns mit Virgina Woolf?
- Veröffentlichte in den 20er Jahren einen Essay, der für die gesamte Entwicklung der Gender Studies richtungsweisend war

➢ Zur Person
- Englische Schriftstellerin und Literaturkritikerin
- Kind einer Künstler- und Intellektuellenfamilie
- Wurde von ihren Eltern unterrichtet & unterrichtete sich selbst mit ihrer Schwester
- Seit 1905 Mitglied der Bloomsbury Group *
*(Künstlerinnen Gruppe/Aufbruchbewegung, die gegen die einengenden und moralischen sexuellen und ästhetischen Normen der Zeit rebellierte)
- Gründete 1917 einen Verlag (ein „Novum") mit Leonard Woolf: Hogarth Press

➢ Zeitkontext
- 1920 (in England) wurde das Stimm- u. Wahlrecht durch die Frauenbewegung errungen worden
→ 1920 geprägt von einer neuen Kultur der Frauen
(für eine privilegierte Gruppe von Frauen: Kleiderzwänge und moralische Normen werden sowie Rollenvorstellungen aufgeweicht- rauchende und Fahrrad fahrende Frauen)

➢ „A Room of One's Own" (1929)- berühmtester Essay
- Erste (informell erzählte) Sozialgeschichte von Frauen der englischen Literatur
→ meistzitierter Text der Frauen- und Geschlechterforschung
- Ursprung: Vortrag, der an Frauen-Colleges gehalten wurde
- Nimmt die großen Themen der Frauen und Geschlechterforschung im Bereich der Literatur -und Kulturkritik vorweg (thematisiert ohne selbst dieser Bewegung anzugehören)
- Entwickelt ein Ideal der Androgynität* von Kulturschaffenden mit denen die Geschlechterdifferenz überwunden werden soll um ein Höchstmaß an künstlerischer Kreativität freizusetzen
*Vorkommen weiblicher Geschlechtsmerkmale bei Männern

➢ Essay als Textform-Warum es gibt doch auch Romane?!
- Geht nicht systematisch vor, sondern entfaltet das Thema in seiner Komplexität mithilfe eines „essayistischen" Schreibens und verwendet dabei fiktionale Mittel (Ironie z.B. zur Problematisierung& Illustration)
→ Text ist auf Deutungen angewiesen
- Bewusst gewählter Stil um...
1. Um vermeintlich einfache Sachverhalte in ihrer Komplexität zu problematisieren
2. Eine neue Sichtweise auf das Thema zu entwickeln
3. Ein „Körnchen Wahrheit" über einen umstrittenen Gegenstand zu vermitteln (vorgegebene Gewissheiten in Frage stellen um eine Diskussion anzuregen)

4. Eine Geschichte zu erzählen, weil es unmöglich ist wissenschaftliche Fakten darzulegen
5. Rückgriff auf Subjektives, doch auf Wahrscheinliches
   → subjektive Meinung plausibel machen, indem man auf faktisches und hochgradig wahrscheinliches zurückgreift

„Fiction muss sich an die Fakten halten, und je wahrheitsgetreuer die Fakten sind, desto besser ist die Fiction"

➢ Erzählperspektive/-strategie
   - Die Ich-Erzählerin wird mit verschiedenen Namen belegt (& ist eine allgemeine Person), die auf historische Personen verweisen
   1. Mary Seton, Gründerin eines Frauencolleges
   2. Mary Carmicheal, zeitgenössische Autorin
   3. Mary Beton, Tante der Ich-Erzählerin dessen Erbe sie veranlasst hat künstlerisch tätig zu werden
   → Namen repräsentieren zeitgenössische intellektuelle Frauen , die stellvertretend für andere stehen (da sie irrelevant sind)
   → es geht nicht um die Individuen, sie werden als fiktionale Vertreterinnen für die gesamte soziale Gruppe der Frauen

➢ Welche mögliche Bedeutungen ihres Themas „Frauen und Fiction (Literatur" unterscheidet Woolf und warum?
   1. Frauen& wie sie sind- was sagt der Begriff „Frau"?
   2. Frauen& die Fiction, die sie schreiben- welche Kunst schaffen Frauen?
   3. Frauen& die Fiction, die über sie geschrieben wird- welche Frauen schafft Kunst?

   → Problematisierung der Begriffe als sehr voraussetzungsvoll& vorurteilsbeladen

   → Problematisierung des Verhältnisses als komplex

   → es bedarf der genauen Klärung, wie man die Begriffe& ihr Verhältnis versteht

   → Woolf schlägt eine sozialgeschichtliche Perspektive vor

➢ Was ist Woolfs zentrale These und wie wird diese belegt bzw. plausibel gemacht?
   - „ Eine Frau muss Geld haben und ein Zimmer für sich allein, wenn sie Fiction schreiben will, und das lässt wie sie sehen werden, das große Problem der wahren Natur der Frau und der wahren Natur von Fiction ungelöst. Wenn ich die Vorstellungen/Vorurteile offenlege, die hinter dieser Behauptung liegen, werden sie vielleicht erkennen, dass sie zum einen Teil mit Frauen zum anderen Teil mit Fiction zu tun haben."
   - „ Frauen und Fiction bleiben, soweit es mich betrifft, ungelöste Probleme"

   → Befassung mit materiellen und ökonomischen Bedingungen

   → untersucht Voraussetzungen von künstlerischer und intellektueller Arbeit

   → Belegung mit fiktionalen Situationen (Bsp.: Bibliothek)

→ Zentral: Befassung mit materiellen und ökonomischen Bedingungen/Voraussetzungen, unter denen Menschen leben und künstlerisch produktiv werden, hier: Bedingungen von Frauen

→ Stilmittel: Fiktion einer Frau, die sich im öffentlichen Raum einer engl. Elite-Universität bewegt und Kontrastfall eines Frauen-Colleges

➢ Oscar Wilde (berühmtester&populärster Künstler um 1900 in England) sagt dazu:
  „Man umgebe mich mit Luxus. Auf das notwendige kann ich verzichten"
  → Voraussetzung: man muss das Notwendige haben um entscheiden zu können womit man sich beschäftigen möchte
  → Woolf zeigt, dass Frauen historisch und zu dieser Zeit nicht in der Position waren, entscheiden zu können, Frauen mussten sich mit dem Notwendigen beschäftigen und konnten ihre kreative Kraft nicht entfalten
  → Woolf sucht nach Gründen für die Unterpräsenz von Frauen in der Literatur

➢ Gründe für die Unterpräsenz von Frauen in der Literatur
  - Ist nicht im Frau-sein begründet
  - Ist nicht im Wesen der Kunst begründet
  - Begründet im Mangel an ökonomischen Mitteln als Basis für Kunstschaffen
  - Woolf beschäftigt sich auch mit den materiellen und symbolischen Produktionsbedingungen
  - Um Mann überlegen erscheinen zu lassen

➢ Symbolische und materielle Produktionsbedingungen (weiterführende Gedanken)
  - Symbolische Produktionsbedingungen: in der Geistesgeschichte werden (mehrheitlich) von Männern Bilder von der Frau als naturgemäß unterlegen entworfen. Der Frau wird nicht der Status der Künstlerin und unabhängigen Person zugestanden
  - Materielle Produktionsbedingungen von Schriftstellerinnen:
    „ es wäre jeder Frau unmöglich gewesen, Shakespeares Stücke im Zeitalter Shakespeares zu schreiben" (Ergebnis des fiktionalen Entwurfs von: „Judith" als Shakespears Schwester")
    → Kritik am Geniekult, der vorgibt, dass ein Genie über dem materiellen Sein steht
    →ökonomische Bedingungen sind notwendig um Kunst zu schaffen
    →Kunstschaffen ist mit materiellem verbunden

26.11.2013	7. Vorlesung: Woolf (Rest)/ Karin Hausen

Weiterführende Gedanken in Woolfs Essay

➢ These vom androgynen* Geist (Ideal ,ist erforderlich um künstlerisch tätig zu sein)
  - Paradox: kreative Arbeit ist für Frauen nur möglich, wenn sie nicht konstant das gesellschaftlich bedingte Frau-Sein zurückgewiesen werden, sondern sich ungeteilt ihrem Werk widmen können
    (ist nur wenn man sich den Digen/Themen ungeteilt zuwenden kann und nicht immer die eigene gesellschaftliche Stellung mitbedenken muss, um eine fiktionale Welt erschaffen zu können muss man voll und ganz in ihr sein)
    → Kunst ist nicht der Ort gesellschaftlichen Protests

→ Protest verhindert Kunstschaffen!

- Der androgyne Geist ist das Ideal des nicht gestörten Geistes, der nicht zwischen künstlerischer Phantasie und gesellschaftlicher Position gespalten wird (wie am Bsp. Der Besucherin in Oxbridge: Besucherin geht über den Rasen und hat einen kreativen Gedanken, wird gebeten auf dem Weg zu gehen und der Gedanke ist weg)
- Das was Gesellschaft gespalten hat: Mann u. Frau muss in einem androgynen Geist fusioniert werden damit eine Konzentration auf den Gegenstand der künstlerischen Arbeit möglich ist
- *Kein anthropologisches Konzept, sondern*: Plädoyer für die Überwindung sozialer Gegensätze im schöpferischen Prozess
- *Mann u. Frau, in Einem

→ Um ein Werk gestalten zu können, sind verschiedene Merkmale notwendig

➤ Fazit: drei aufeinander aufbauende Bedingungen künstlerischer Kreativität
  1. Geld und einen eigenen Raum
  2. Geistige Unabhängigkeit
  3. Androgyner, ungeteilter Geisteszustand
- Geistige Überwindung sozialer Antagonismen (Widersprüche)keine abgehobene Angelegenheit uneingeschränkten Luxus (schafft jede emanzipierte Frau)
- Keine rein individuelle Angelegenheit einzelner Frauen
- Sondern ein Zustand, der grundlegende ökonomische Veränderungen braucht, um einen wirklich autonomen, freien Geist zu ermöglichen

→ Gesellschaftliche Vorstellungen von Mann und Frau, die der Veränderung bedürfen
(schreibt nicht wie diese Vorstellungen zustande gekommen sind)

Karin Hausen
(beschäftigt sich mit der Frage wann und in welchen historischen Zusammenhang die Vorstellung von Mann und Frau aufkommt)
➤ Person
  - 1978-2003: Professorin der TU-Berlin, zuerst für Wirtschafts- und Sozialgeschichte, danach für interdisziplinäre Frauen- und Geschlechterforschung
  - 1996 gründete sie das Zentrum für Frauen- u. Geschlechterforschung
  - Historikerin und Pionierin der Frauengeschichtsforschung
  - Weitere Schwerpunkte ihrer Arbeiten: Kolonial- und Technikgeschichte

➤ „Die Polarisierung der Geschlechtscharaktere" (Aufsatz, 1978)
  - Untertitel: Eine Spiegelung der Dissoziation von Erwerbs- u. Familienleben
  - Im Buch: „Sozialgeschichte der Familie in der Neuzeit Europas"
  - Beginn der historischen Frauenforschung
  - Thema „Frauen" wird mit Familienforschung assoziiert
    →Hausen versucht dieses Phänomen zu erklären

➤ Beschäftigt sich mit dem Verhältnis: Ideengeschichte- Sozialgeschichte
  - Ideengeschichte: Wandel von Vorstellungen, Ideologien, Denksystemen bzw. „Aussagesystemen"
  - Sozialgeschichte: Wandel der sozio-ökonomischen Verhältnisse der Bevölkerung

- **Hausen**s These (Verbindung von Ideengeschichte und Sozialgeschichte):
  Aussagesystem und materielle Verhältnisse stehen in Wechselbeziehung
  →untersucht systematisch die Aussagen über Frauen und Männer in einem
  bestimmten historischen Zeitraum und setzt sie zu den sozialen Erfahrungen in
  Beziehung
  → geht davon aus dass Aussagen (Aussagesysteme) nicht vom geschichtlichen
  Geschehen abgekoppelt sind, sondern erst in Verbindung mit diesem entstehen
  → erst in Verbindung mit realgeschichtlichem Geschehen entstehen Ideen und
  Ideologien
  → auf Grundlage etablierter sozialer Machtverteilungen können Aussagen erst
  Gültigkeit beanspruchen

- ➤ **Aussagesystem vom „Geschlechtscharakter"** (Begriff im 18. Jh. Entstanden)
  - Aussagesystem weil es sich nicht um zufällige zerstreute Aussagen handelt, sondern
    systematischen Charakter haben
  - **Aussagen über den qua Geschlecht spezifischen Charakter von Menschen**
    →Frauen haben einen anderen Charakter als Männer, dieser ist im Wesen verankert
  - **Entstanden in sozio-ökonomischen Kontext der geschlechtsspezifischen
    Arbeitsteilung, die sich historisch seit Ende des 18. Jh. Etablierte**
    →Aussage über das Geschlecht steht im Kontext dieser spezifischen
    gesellschaftlicher Realität
  - Wechselspiel zwischen Realität und Normativität
    →Realität: Arbeitsteilung
    → Normativität: Vorstellung von Frau und Mann
  - **Im Zentrum: körperliche und psychische Merkmale, mit der Frauen bzw. Männer
    ausgestattet seien**
  - **„das Weib ist mehr ein führendes Weisen; beim Manne… - er ist mehr denkendes
    Wesen…"** (Geschlechterbegriff im Konversationslexikon, **Meyers 1848**)

- ➤ **„Geschlechtscharakter"**
  - Laut Hausen Mischung: Biologie, Bestimmung, Wese
  Gilt als…
  - **Naturgegeben: Biologie, Psyche**
    →als Charaktereigenschaften verstandenen Merkmale sind naturgegeben, müssen
    aber durch Bildung u. Erziehung „vervollständigt" werden
  - **Neu: Wesensbestimmung, im Innern,** vorher: Ständegesellschaft
  - **Mann und Frau polar zueinander angeordnet**
    → **Mann: aktiv, rational, Öffentlichkeit**, zum Kulturschaffen bestimmt
    →**Frau: passiv, emotional, Privatheit**, zur Reproduktion bestimmt
  - **Im letzten Drittel des 18. Jh. „erfunden" und wissenschaftlich „fundiert"**

- ➤ **Was war vorher?** (vor Erfindung des Geschlechtscharakters)
  - „Frau oder Weib ist eine verehlichte Person, die ihres Mannes Willen und Befehl
    unterworfen, die Haushaltung führt, und in selbiger ihrem Gesinde vorausgesetzt
    ist. Sie mag auch noch so geringen Standes und Herkommen sein, so tritt sie doch
    zugleich mit in die Würde ihres Mannes, genießet gleich Jura mit ihm, und kann vor
    keinen anderen Ort belanget werden, als wo ihr Mann hingehöret, […] Von ihren
    Pflichten ist unter Ehestand nachzusehen. Man gebraucht aber auch das Wort Frau in
    Absicht auf die Herrschaft, also, dass wenn der, so zu gebieten hat, eine Manns-
    Person ist, Herr, wenn es aber eine Weibes-Person ist, Frau genannt werden.
    Wiewohl auch selbst dieses sich auf jenes bezieht, also dass diejenige nur Frau
    heisset, welche verehlicht ist oder doch gewesen. Man nennet auch eine
    geschwängerte Weibes-Person eine Frau, gleichwie auch jederzeit jede Person des
    weiblichen Geschlechts en Frauen-Volk." (Lexikoneintrag, **Zedler 1735**)

→ es wird nur auf den Stand Bezug genommen

→starkes rechtliches Verhältnis von Unterordnung (später abgeschwächt)

→ Frau ist in Rechtsposition des Mannes eingetreten, mit der Heirat (d.h. je nachdem mehr oder weniger Rechte/Privilegien)

→ sie ist die Hausherrin (Vorgesetzte des Gesindes unabhängig davon in welchem Stand sie geboren wurde weil sie mit der Heirat in den Stand des Mannes tritt), Mann herrscht über Haus und Frau

→ Frau: Begriff der Herrschaftsposition ausdrückt

→ Frau: eine schwangere (aber nicht primäre Def.)

- ➤ **Wandel des Bezugssystems**
  (das, worauf die Unterscheidung bezogen wird, hat sich historisch verändert)
  - Vorher: Standesdefinition – betont Rechte und Pflichten, ein sozialer Stand
  - Nachher: Charakter definieren – betont körperliche und psychische Eigenschaften
    → von Standesdefinition zu Charakterdefinition
    → fundamentale Veränderung des „Zuordnungsprinzips"
      - Von einem „partikularen" hin zu einem „universalen" Zuordnungsprinzip
        → partikulares: jede Frau tritt in die Rechtsposition ihres Mannes ein, Frau war keine einheitliche soziale Gruppe
        → universales: das weibliche Geschlecht wird zusammengefasst (wie das männliche), geschlechtsspezifische allgemein gültige Eigenschaften werden ihnen zugesprochen
      - Von Geschlechtern im Sinne von Häusern zu Geschlechtern im Sinne von Männern und Frauen
      - Von der ständischen Unterscheidung zwischen Frauen bzw. Männern zur Unterscheidung aller Frauen von allen Männern
      - Von der ständischen Gesellschaft zur bürgerlichen Gesellschaft
      - Geht mit fundamentalen Wandel der Familie einher
        → Familie in der ständischen Gesellschaft: das ganze Haus war als Wirtschaftseinheit im Zentrum, diese Einheit wurde aus einer Familie gebildet, Familie: kein Zusammenschluss von Menschen der auf Heirat oder Blutsverwandtschaft begründet war, das Gesinde gehörte dazu und die Mitglieder hatten unterschiedliche Rechte u. Pflichten

        →später: bürgerliche Kleinfamilie: ökonomische Aktivität außerhalb des Hauses, Arbeitsteilung, Frau als Hüterin der Privatsphäre, Beziehungen werden als emotionale und nicht wirtschaftliche gedacht

      - **Dissoziation von Erwerbs- und Familienleben: Entwicklung von der Familie als Wirtschaftseinheit zur bürgerlichen Kleinfamilie**
        → das was vorher im ganzen Haus vereint war (Erwerb+Reproduktion) wird getrennt
        → getrennte Bereiche werden etabliert
      - Hausens These: sozio.-ökonom. Veränderungen die an diesem Übergang stattfinden, finden ihren Niederschlag in der Ideenwelt
      - Hausens These 2: Geschlechtscharaktere sind die Antwort auf die sich verändernden Familienstrukturen
        → „Geschlechtscharaktere bildeten sich in einer Welt in der die alte Familienkonstellation in Auflösung gegriffen war und durch die franz. Revolution (1789) wurden die alten Verhältnisse umgestürzt und es brauchte ein neues stabilisierendes Ordnungsmuster", nämlich: Geschlechtscharaktere

➤ Historischer Umbruch um 1800
- Weitgehender Niedergang der ständischen Gesellschaft
  → geht mit fundamentalen Wandel der Familie einher
  - Das „ganze Haus" als Wirtschaftseinheit: produktive und reproduktive Tätigkeiten unter einem Dach
  - Keine strikte Arbeitsteilung, aber standesspezifische Rechte und Pflichten
  - Familie: alle Mitglieder des Hauses, auch Gesinde, Gesellen usw
  - Patriarchale Herrschaft des Hausvorstandes über alle Mitglieder

- Entstehung der bürgerlichen Gesellschaft
  - Dissoziation von Erwerbs- und Familienleben: Gelderwerb außer Haus- Reproduktion im Haus→ Trennung in untersch. Sphären
  - Entstehung der bürgerlichen Familie, Mitglieder durch Verwandtschaft gekennzeichnet
  - Entstehung der Privatheit als Intimsphäre der Kindererziehung und einen auf Liebe gegründete Ehe, Hort des Gefühlslebens

➤ Historische Funktion der Geschlechtscharaktere um 1800
„erfunden", als passende Vorstellungen für die neue Familienkonstellation als stabilisierendes Ordnungsmuster
→ passend weil es ermöglicht in einer Situation des Zerfalls der ständischen Gesellschaft ein neues Familienbild zu stabilisieren/Ordnungsmuster bereitzustellen, da alte Muster nicht mehr funktionieren
- Stabilisierung patriarchaler Herrschaft unter neuen historischen Bedingungen
  - Nicht mehr qua* rechtlicher Stellung des Hausvorstandes
  - Sondern qua* (vermeintlich) natürlicher körperlicher und charakterlicher Eignung
    → es ist von der Natur vorgesehen das ein paar „hierhin" gehören
    *: mittels, durch
  → Natur als neue, akzeptierte Begründung dafür, wer welchen Platz in der Gesellschaft einnehmen kann

- Neue Legitimation der gesellschaftlichen Arbeitsteilung: DER Mann sorgt für den Gelderwerb (außerhalb des Hauses), die Frau sorgt für die Familie
- Gegensätzlichkeit von Mann und Frau wird als ideal betrachtet
  →Polar, doch nicht antagonistisch, sondern komplementär, sich gegenseitig ergänzend
  → Reaktion auf Harmonieideal der Aufklärung: die harmonische Persönlichkeit wird nun auf die „harmonische Einheit" der Eheleute bezogen
  (Eheleute bilden ein harmonisches Ganzes in dem sich beide vollständig entwickeln können, Einzelpersonen ist es nicht möglich sich vollständig zu entwickeln)
  → In Hausens Worten:

- „So wird es mittels an der natürlichen Weltordnung abgelesen Definition der Geschlechtercharaktere möglich, die Dissoziation von Erwerbs- und Familienleben als gleichsam natürlich zu deklarieren und damit deren Gegensätzlichkeit nicht nur für notwendig, sondern für ideal zu erachten und zu harmonisieren" (378)
- Diese Rollenzuweisung ist auch verbunden mit der Spaltung von „feindlicher Welt und freundlichem Haus" (379)
- Hausens Resümee:
  - Mithilfe der Geschlechtscharaktere in einer Welt, die davon ausgeht dass es eine Naturordnung gibt wird der Freiheitsanspruch eines jeden Individuums proklamiert, mit Bezug auf Natur (vorher Gottesordnung)
  - Natur: legitime Begründung dafür wie die Welt eingerichtet werden soll
  - Ungleichverteilung von Mann und Frau wird mit der Natur legitimiert, es ist notwendig und ideal
  - Veränderungsprozess zw. 1750-1850 („Sattelzeit")

➤ Wie war die Idee der Geschlechtscharaktere real umgesetzt?
- Aussagen sind nur hypothetisch zu treffen, da nicht einfach vom Ideal (Idee der Geschlechtscharaktere) auf die Realität geschlossen werden kann
- Differenzierung für unterschiedliche soziale Gruppen (im 18.Jh.)
  - Bauernschaft: kein Realitätsbegriff
    →haben weiter überwiegend nach der wirtschaftsweise des ganzen Hauses gelebt, dadurch wurde ihre gesamte Lebensweise geprägt
    → Ideal hatte wenig Einfluss auf die Art und Weise wie ihre Erwerbsverhältnisse gestaltet sind
  - Arbeiterschaft/Lohnarbeiter: bedingter Realitätsbegriff
    → zunächst gab es eine Zeit lang noch Hausgewerbe, bevor die Produktion in den Fabriken zentralisiert wurde
    → Lohnarbeiter kamen zum Großteil aus der Landwirtschaft (durch Verstädterung)
    → Mann und Frau (&Kind) haben gearbeitet, da ein Lohn nicht ausreichte um die Familie zu versorgen
  - Bildungsbürgertum: hoher Realitätsbegriff
    →es war Teil der Realität einer Gruppe die es geschafft hat ihr Leitbild zu verallgemeinern und auf die anderen sozialen Gruppen auszudehnen
    → Anfang des 20. Jh. Ist es eine gesellschaftlich sehr kleine Gruppe (ca. 10%)
    → haben sich an Orte gesetzt an denen das Wissen produziert wird & brachen das Wissensmonopol von Kirche und Adel

➤ Wie lebte das Bürgertum die Geschlechtscharaktere?
- Sozialhistorische ableitbare Hinweise auf gelebte Geschlechtscharaktere:
  1. Erwerbsarbeit außer Haus, primär im Staatsdienst
     → haben nicht vom eigenen Besitz gelebt, mussten von Bildungsqualifikationen leben
  2. Entwicklung von Neuverständnis von Mütterlichkeit, Erziehung des Nachwuchses, Sonderstatus der Kindheit
     → Kinder des Bürgertums mussten nicht wie die anderen Kinder arbeiten gehen
     → Kinder mussten erzogen werden um selbst Bildung zu erwerben (Jungen sollten einen Beruf lernen und Mädchen Kinder erziehen und Mann versorgen)
  3. Räumliche Trennung: Berufsbeamtentum in der entstehenden bürokratischen Organisation auf Basis einer formalen beruflichen Qualifikation, Geldeinkommen, Trennung von Erwerb und Konsum, „Alleinernährermodell"
     → räumliche Trennung zwischen häuslicher Sphäre und Erwerbssphäre, am meisten bei den Beamten

17

→ Trennung wird im 18. Jh. Durchgesetzt durch Formalisierung und bürokratischer Organisation
→ Trennung von Erwerb und Konsum
→Alleinernähermodell setzte sich durch: Vorstellung dass eine Person alleine so viel erwirbt sodass sie die Familie ernähren kann (Männer)

4. Rationalität als Leitprinzip der Erwerbssphäre und absoluter Maßstab, Emotionalität als besonderes weibliches Leistungsvermögen, Rationalität/Emotionalität als Bildungsziele
   → Vorbereitung der Kinder (Jungen) auf Staatsdienst
   → Töchter des Bürgertums wurden in der Privatsphäre erzogen, sollten nicht nach dem Prinzip der Rationalität denken u. handeln sondern empathisch sein und auf Bedürfnisse anderer eingehen

→ Geschlechtercharaktere werden in Bildung, Erziehung und Institutionen hergestellt und so zur gelebten Realität im Bildungsbürgertum
→ Bildung sollte die von Natur aus gegebenen Geschlechtscharaktere vervollkommnen

➢ Sphärentrennung und Arbeitsteilung um 1800
- „(Es) sind die Weiber des gemeinen Mannes, welche gar oft die schwersten Arbeiten verrichten müssen, mehr wie Mannspersonen, als Frauenzimmer anzusehen. Man sieht sie auf den Marktplätzen und auf dem Felde, aller Orten mit den Männern vermischt: sie müssen sich unter eben die Lasten biegen; und kommen sie nach Hause, so warten neue Arbeiten auf sie. Die Frau (…) scheint beyden Geschlechtern zu zugehören, und muss nicht alleine ihre eigenen Arbeiten, sondern auch sehr oft die Arbeiten des Mannes übernehmen." (Krünitz, 1788)
  → Doppelbelastung der Frau
  → es gibt „Männerarbeiten"
  → Weiber des gemeinen Mannes sehen aus wie Männer
  → Auto beanstandet dass sich die Weiber des gemeinen Mannes an allen Orten mit den Männern vermischen& die Frau scheint beiden Geschlechtern anzugehören

10.12.2013	9. Vorlesung: Regina Becker Schmidt

Inwiefern ist Geschlecht eine Strukturkategorie (im Rahmen soziologischer Betrachtung)

➢ Person
- Gehört zur 1. Generation von Professorinnen die Gender Studies an Unis lehrten
- 1972 – 2002 Professor an der Leibnitz- Universität Hannover für Soziologie und Sozialpsychologie
- Karrierestationen vorher: Institut für Sozialforschung in Frankfurt am Main& Universität Frankfurt am Main im Bereich Gesellschaftswissenschaften tätig
  → Orte, die für die kritische Theorie von Bedeutung waren
  → der Ort Frankfurt hat ihre gesamte Arbeit beeinflusst

➢ Theoretischer Hintergrund
- Bildet die Ältere Kritische Theorie: Adorno und Horkheimer
- Im Anschluss an die ältere kritische Theorie stellt sie die Frage: Welche Lebens- und Entfaltungschancen habe ich in unserer Gesellschaft? Wie kann ich mich in der Art und Weise wie unsere Gesellschaft aufgebaut ist entfalten & Potential entwickeln?
  → Wie kann ich mich unter der Bedingung kapitalistischer Warenproduktion(Marx) als Subjekt entfalten& welche Lebenschancen habe ich?

- Fokus: Lebens- und Entfaltungschancen in den kapitalistischen Industriegesellschaft, also die Frage:
  „Welche Chancen die Verfasstheit industrieller Gesellschaften der Entstehung und Entfaltung von Subjektpotentialen lässt, in denen individuelle und kollektive Interessen zum Austrag kommen" (Originalzitat, Becker-Schmidt)
  →es geht um das Spannungsfeld: Individuum-Gesellschaft

➢ Erweiterung der kritischen Theorie durch Becker-Schmidt 1
Verhältnis: Individuum und Gesellschaft
  1. Was sind die Möglichkeiten des Subjekts
  2. Welche Entfaltungschancen hängen mit dem Geschlecht zusammen?
- Verfolgung der Fragen im Bezug auf die Psychoanalyse (im Anschluss an Adorno)
  • Das Individuum ist nur mit Blick auf das Ganze zu begreifen-(Zitat) das Einzelne ist in der Gesellschaft immer „strukturell vermittelt"
    → wenn die Strukturen widersprüchliche Situationen erzeugen dann entstehen für die Individuen komplizierte und widersprüchliche Lebensbedingungen sowie Konflikte (Kurz: Gesellschaftliche Widersprüche erzeugen individuelle Konfliktlagen)

➢ „Vergesellschaftung"
- Bezug auf Simmel: Vergesellschaftung als soziologische Prozesskategorie
  →Prozess der aus Individuen Gesellschaftsmitglieder macht
  1. Zum Gesellschaftsmitglied werden (= einer Gruppe angehören die auf andere soziale Gruppen bezogen ist & wo Abhängigkeitsverhältnisse entstehen)
  2. Um zu überleben, müssen Individuen in Verhältnisse gesellschaftlicher Abhängigkeit (Produktion& Reproduktion) eingebunden werden
  → es ist unentgehbar vergesellschaftet zu werden
  → Produktion& Reproduktion sind fundamental, man kann sich nicht entziehen
  → man muss das eigene Leben innerhalb dieser strukturellen Abhängigkeitsverhältnisse organisieren, im Bezug auf diese wachsen wir heran und bilden unsere Individualität aus
- Regina Becker Schmidt verwendet das Begriffspaar: Vergesellschaftung-innere Verg.
- Vergesellschaftung (nach Becker-Schmidt): Objektive Seite der Einbindung in ein Gesellschaftsgefüge, z.B. Arbeit, Konsum, Form der Reproduktion
- Innere Vergesellschaftung (nach Becker-Schmidt)
  • Subjektive Seite der Einbindung, innere Prozesse wie z.B. Modellierung mentaler& psychischer Strukturen, Triebstrukturen, Denk- und Wahrnehmungsweisen, das Unbewusste
    → wie ist Charakter/ Persönlichkeit strukturell vermittelt?
  • Annahme: die Strukturen der kapitalistischen Gesellschaft durchdringen alle Lebensbereiche, bleibt nicht nur auf Ökonomie beschränkt
    → Menschen müssen sich um zu überleben in die kapitalistischen Strukturen einfügen

➢ Erweiterung der Kritischen Theorie durch Becker-Schmidt 2
- Anschluss an die Kritische Theorie
  • Becker-Schmidt übernimmt die Überzeugung dass bedingt durch die kapitalistischen Verhältnisse ein Herrschaftsgefüge entsteht dass als Klassenverhältnis zu begreifen ist
    → kritische Theorie fixiert sich stark auf: Erwerbsarbeit, Lohnarbeit& Prozesse der Entfremdung (Arbeitskraft als Ware)
  • Kapitalistische Gesellschaft produziert ein Klassenverhältnis, in das Menschen vergesellschaftet werden: Kapital-Arbeit
- Becker-Schmidt: Kapitalismus reicht nicht! (Erweiterung)
  • Andere Herrschaftsverhältnisse müssen mit einbezogen werden

- Kritische Theorie hat die patriarchalen Strukturen übersehen, die ebenfalls ein Herrschaftsgefüge darstellen
- Die Sphärentrennung (Erwerbsarbeit- Familie bzw. Privatsphäre) erzeugt Vereinseitigung& Verzicht
- Frauen sind den Folgen der Entfremdung durch patriarchale Sphärentrennung (Erwerbsarbeit-Familie bzw. Privatsphäre) in besonderem Maße ausgesetzt, da die Privatsphäre als ihr Zuständigkeitsbereich gilt
- Hausarbeit bleibt gesellschaftlich unterbewertet (Ungleichgewicht der Sphären)
  → wichtigstes Mittel gesellschaftlicher Anerkennung von Arbeit: Vergütung

> Ursula Beer: Differenzierung des Patriarchatsbegriffs
  - Begriff des Sekundärpatriarchalismus (Beer 1990,1991): analysiert das Weiterwirken der Dominanz von Männern in der kapitalistisch-warenproduzierenden Gesellschaft
  - Unterscheidung:
    - Primärpatriarchalismus: gegründet auf dem Eigentum an Grund und Boden durch den „Patriarchen" (vormoderne Gesellschaft-Ständegesellschaft)
    - Sekundärpatriarchalismus: (bürgerliche Gesellschaft, Industriekapitalismus) Spaltung zwischen besitzenden und lohnabhängigen Männern
      - Marktlicher Sekundärpatriarchalismus: berufliche Dominanz von Männern
      - familialer Sekundärpatriarchalismus: Dominanz von Männern in der Familie
    - lohnabhängige Männer mögen beruflich unter andere Männer untergeordnet sein, doch in der Familie als „Ernährer" dominant
    - Frauen können sowohl beruflich als auch familial untergeordnet sein
      → Erwerbsbereich und familialer Bereich sind hierarchisch strukturiert

> Becker-Schmidt: empirische Untersuchung Fabrikarbeiterinnen (in den 80er Jahren) Pionierstudien zur Situation lohnabhängig beschäftigter Mütter
  - Arbeiterinnen, weil diese der sozialen Gruppe angehören die schon seit Jahren dem öffentlichen Bereich der Erwerbsarbeit wie auch im privaten Bereich der Hausarbeit tätig sind
    → Arbeiterinnen als Untersuchungsgegenstand: Grenzgängerinnen zwischen den gesellschaftlich getrennten Sphären, Überschreiten die Sphärentrennung indem sie zu Hause arbeiten& arbeiten gehen um den Mann zu unterstützen
  - Forschungsmethodik: biographische Interviews
  - Analyse der Erfahrungen der Verbindung von Lohnarbeit und Hausarbeit
  - Zentraler Befund: „eines ist zu wenig, beides ist zu viel"
    → die Gesellschaft ist davon abhängig dass es beide Bereiche gibt aber diese hängen auch untereinander voneinander ab (ohne ein Ort zum schlafen zu haben kann ich nicht arbeiten gehen...und die Gesellschaft braucht Produktion und Reproduktion)
  - Strukturbedingung: jede Sphäre stellt die Bedingung die einzige zu sein, eine Kombination von Sphären ist nicht vorgesehen
  - Folge = Nachteil: Zuständigkeit für unbezahlte Hausarbeit erschwert vollständige Integration in Erwerbsarbeit („doppelte Diskriminierung")
  - These von Becker-Schmidt : Frauen werden „doppelt vergesellschaftet"
    →D.h. in zweifacher Weise zu Gesellschaftsmitgliedern (über Sphäre der Hausarbeit und die Sphäre der Erwerbsarbeit)
    →Dies erzeugt Konflikte(weil die Bereiche sich nicht gegenseitig berücksichtigen) für die Betroffenen Frauen, die strukturell bedingt sind (durch Sphärentrennung von Lohn- und Hausarbeit)

> Grafik- Was wäre folglich eine einfache, was eine doppelte Vergesellschaftung?

- ➢ Einfache& doppelte Vergesellschaftung
  - Einfach Vergesellschaftung meint im Anschluss an die Kritische Theorie die Einbindung von Menschen in die Produktionsbedingungen, je nach Klassenlage, die Zugehörigkeit zu Kapital oder Arbeit
  - Doppelte Vergesellschaftung meint, dass zusätzlich ein zweiter Vergesellschaftungsmodus am Werk ist, nämlich der über Geschlecht. Klassen- und Geschlechterhierarchie verstärken sich dabei wechselseitig. Zur Wirkung gelangt die Kombination zweier gesellschaftlicher Strukturbedingungen, d.h. sowohl über Erwerbsarbeit, als auch über Familienarbeit vergesellschaftet zu werden und damit in einer kompliziertere gesellschaftlichen Lage zu sein

- ➢ Doppelte Vergesellschaftung erzeugt „Doppelorientierung"
  „ Was passiert auf der Ebene der Individuen, die in die Struktur eingebunden sind?"
  - Der doppelten Vergesellschaftung entspricht auf der Seite der Individuen einer „Doppelorientierung" von Frauen, die in ihrem Leben beiden Dimensionen, Erwerbstätigkeit und Familie, gerecht werden wollen oder müssen
  - Zerreißproben durch strukturelle Widersprüche (Bezug auf die Psychoanalyse): in der Sozialisation und Identitätsbildung vom Mädchen entwickelt sich diese Doppelorientierung und löst Ambivalenzen aus. Es werden zusätzlich psychische Leistungen und Konfliktlösungen verlangt die von Jungen nicht verlangt werden (andere Erwartungen an die Kinder)
  → doppelte Orientierung verlangt einen anderen Blick auf Sozialisation und Identitätsbildung
  → Objektive Strukturen haben ihre Entsprechung in subjektiven psychischen Orientierungen und damit auch in den subjektiven Entfaltungschancen
  → Frauen können wählen: zwischen Widersprüchen doppelter Vergesellschaftung oder Vereinseitigung

- ➢ Geschlecht als „Strukturkategorie"
  „ Geschlecht als strukturell verankerter gesellschaftlicher Platzanweiser"
  - Über die Kategorie Geschlecht erfolgt eine Zuweisung zu gesellschaftlichen Genusgruppen*: Zuweisung zur Gruppe der Männer oder der Frauen
    * Nach Geschlecht sortierten Gruppen
    → Genusgruppe wirkt wie ein sozialer Platzanweiser in der Gesellschaft (soziale Lage, Status, Lebenschancen)
  - Struktur der Platzierung der Genusgruppen als Ursache für Ungleichheit: die Ursache der Ungleichheit liegt in der Struktur (und nirgendwo sonst)
    → Strukturen sind Ursache bestimmter Herrschaftsgefüge und NICHT biologisch
    → Strukturen sind Ursache für Ungleichheit

  → Untersuchungsfokus: das „gesellschaftliche Geschlechtsverhältnis": Anordnung der Genusgruppen, Art und Weise, wie diese zueinander ins Verhältnis gesetzt werden, ist der Untersuchungsgegenstand, nicht Frauen – an sich – (relationale Betrachtung anstelle isolierter Betrachtung)
  → wie Frauen im Verhältnis zu Männern gesellschaftlich platziert werden
  → in unserer Gesellschaft ist das Verhältnis eine Trennung und Hierarchisierung

  → „gesellschaftliche Geschlechterverhältnisse"(Plural): auch andere „Achsen sozialer Ungleichheit"*, wie z.B. Ethnizität spielen eine Rolle
  → man bezieht ein das Genusgruppen nicht homogen sind, es gibt weitere Einflussgrößen wie Klasse oder Migration
  * Einflussgrößen

→ Intersektionalität: „Achsen" überkreuzen sich in bestimmten Teilgruppen der Gesellschaft und wirken zusammen, z.B. Migration

| 07.01.2014 | 10.Vorlesung: Teil:C: Theorien der Gender Studies |

- es gibt 9 Teilthemen

1. Teilthema: Theorien als Erkenntniswerkzeug

➢ Theorien als Erkenntniswerkzeuge
 - Abstrakte Gebilde, die von den praktischen Dingen der Erfahrungswelt weg führen
 - Zwei Verwendungsweisen von Theorien im **Alltag(swissen)**:
  • Theorie als vage Vermutung über eine Sache
   (Bsp.: „ich weiß es nicht aber ich habe eine Theorie")
  • „bloße" Theorie im Unterschied zu wirklich funktionierender Praxis
   (Bsp.: „es ist bloß eine Theorie, die Praxis sieht anders aus")
   → negative Konnotation im Alltag
   → Kontrastbegriff zum Begriff „Theorie": Erfahrung, Praxis (positiv)
 - In der **Griech. Antike** bedeutet Theorie: ursprünglich. „Schauen", „Beobachten", „Betrachten"
  • Hat einen mit dem Religiösen verbundenen Theoriebegriff (= schauen, betrachten von einen religiösen Geschehen)
  • Betrachtungsweisen von konkreten Gegenständen
 - Durch die antike Philosophie kam es zu einer Ablösung des Theoriebegriffs von den Dingen, in dieser Entwicklung kam es zu einer Hierarchisierung von Theorie und Praxis, indem die Theorie höher bewertet wurde
  → mit der antiken Philosophie beginnend gab es eine gegenteilige Wertung der Theorie-Praxis-Unterscheidung als es in der Alltagswelt verankert ist
 - **Philosophie:**
  • Wissenschaft als Formulierung theoretischer Sätze, die Beweise führen
  • Ideen als theoretische Gegenständen (Ideenlehre Platons)
  • Verselbstständigung der Theorie gegenüber der Praxis („reine Theorie" im Unterschied u.a. zum praktischen Wissen)
 - **Wissenschaften:** Theorien dienen dem Ziel des Erkenntnisgewinns sind Hilfsmittel/Werkzeuge für die Wissensproduktion (untersch. Typen, Reichweiten etc.)
  → es geht nicht um einen Selbstzweck, sondern etwas anzuleiten, nämlich: Erkenntnisgewinn

➢ Bild vom Sternenhimmel, Bezug auf Theorie
 - Theorien/Abstraktionen= Anleitungsformen des Blicks, sorgen dafür das wir etwas bestimmtes erkennen
 - Frage auf welche Gegenstände wir uns konzentrieren ist eine Frage der theoretischen Konzepte/Theorien die wir benutzen um auf eine Sache zu blicken
 - das was wir sehen ist kein Abbild der Welt (die komplex und ungeordnet ist), zwischen dem was wir sehen und dem was wir erkennen gibt es eine Differenz (einiges entzieht sich mit dem erkennen dem Blick, d.h. das eine wird gesehen und das andere nicht, Bsp.: Vexierbilder)
 - die Realität ist unsicher und wir brauchen (Denk-)Werkzeuge um einen Zugang zu ihr zu bekommen
 - Theorien als aufgesetzte Brille um in der Welt etwas zu erkennen, dabei gibt es verschiedene Blickweisen auf die Welt
 - Theorien als Werkzeuge der Herausbildung von Gegenständen der Betrachtung

- In der Wissenschaft: Theorien als Werkzeuge der Wissensproduktion
→ Theorien der Gender Studies: Hilfsmittel um den Blick auf das Geschlecht und das Geschlechterverhältnis in der Welt sinnvoll zu strukturieren
→ Theorien sind nicht für sich selbst wichtig, sondern wichtig damit wir klären was wir genau untersuchen und welchen Ausschnitt der Welt wir in den Blick nehmen und wie wir den begreifen

2. Teilthema: Simone de Beauvoir, „das andere Geschlecht" (Buch)

➢ Simone de Beauvoir (1908-1986), frz. Schriftstellerin und Philosophin
   - „das andere Geschlecht" (origi. „Le deuxieme sexe" 1949, deutsch: 1951)
      • erste bahnbrechende Studie über die kulturellen Mythen über die Frau und über die gelebte Erfahrung von Frauen
      • sie analysiert systematisch und tiefgehend die biologischen, sozialen, gesellschaftlichen und historischen Denkweisen über die Frau
      • zeichnet nach wie die Vorstellung von Minderwertigkeit entsteht und entwickelt eine neue Perspektive, die es ermöglicht die Position des Minderwertigen in Frage zu stellen und zu verlassen (indem sie darauf aufmerksam macht dass es sich um Zuweisungen handelt und nicht um Fakten)
   - Die Mythen über Frauen wirken sich auf die Lebenssituation von Frauen aus
      • Lebenssituation der Frau ist ein Resultat von identitätsprägenden Prozessen der Kultur (Nicht des inneren Wesens der Frau)
      • Prozesse machen Frauen die individuelle Selbstermächtigung unmöglich (jene Handlung die im Existentialismus die Grundlage von individuelle Freiheit bildet)
   - Ist bekannt als führende Philosophin des Existentialismus, als Intelektuelle der Nachkriegszeit und als Lebensgefährtin von John Paul Satre
   - (Das damalige Klima dieser Kreise in Paris verarbeitet sie 1954 im Roman „Die Mandarins von Paris"=Schlüsselroman für politisch Intelektuelle)
   - „das andere Geschlecht" ist ein Fachbuch, Beauvoir bezeichnet es als Essay
   - Das Buch „das andere Geschlecht" gilt als **Paradigma der Theoriebildung in den Gender Studies**
   - **Einflussreich für die Theorieentwicklung der Gender Studies in mehreren Phasen**

➢ Entstehungshintergrund des Buches
   - **Öffnung des Hochschulsystems für Frauen** (sie ist eine der ersten Frauen die davon profitierte), **Beauvoir als eine der ersten Frauengeneration mit Hochschulbildung**
   - Schreibt den Essay zwischen den beiden Wellen der Frauenbewegung (1.Welle:1920, 2.Welle:1970)
   - Sie hat Philosophie studiert und die in FR sehr bedeutende Lehramtsprüfung gemacht und war in der Lage sich ein unabhängiges Leben zu ermöglichen und frei zu denken
   - Wendet philosophische Methoden an die es ermögliche mit einer Distanz auf das Geschlechterverhältnis zu blicken
   - Schreibt in einem politisch-gesellschaftlichen Klima das alles andere als liberal und reformerisch ist
      • Nach 2 Weltkriegen herrscht in FR eine Kultur und Politik der **Restauration** (Versuch Normalität herzustellen)
      • Frauen haben an vielen Stellen Männerarbeit übernommen und wurden mit Rückkehr der „Krieger" wieder verdrängt
      • Es herrschte eine buon natale Politik (man wollte fördern dass Frauen Kindern bekommen, Mutterschaft wurde verherrlicht, berufstätige alleinstehende Frauen wurden diskriminiert)
         → schreibt gegen die Konformität der **konservativen Gesellschaft**

→ nimmt in ihrem Essay Bezug auf gegenwärtige Stereotypen
- Keine Zeit des Aufbruchs, man versucht das Alte herzustellen

➢ Das andere Geschlecht
(Auszug aus der Einleitung):
„ Ich habe lange gezögert, ein Buch über die Frau zu schreiben. Das Thema ist ärgerlich, besonders für die Frauen; außerdem ist es nicht neu. Im Streit um den Feminismus ist schon viel Tinte geflossen, zur Zeit ist er fast beendet: reden wir nicht mehr davon. Man redet aber doch davon. Besteht hier übrigens ein Problem? Und welches ist es denn? Gibt es überhaupt Frauen? Sicher hat die Theorie vom Ewigweiblichen noch ihre Anhänger; sie seufzen: Die Fraulichkeit geht verloren, es gibt keine Frauen mehr. Man weiß nicht mehr recht, ob es noch Frauen gibt, ob es sie immer geben wird, ob man es wünschen soll oder nicht. Aber zunächst einmal: Was ist eine Frau?"
- Es geht ihr nicht darum konkrete Ungerechtigkeiten anzuklagen sondern zu analysieren was diese Ungleichheit ausmacht und wie für diese argumentiert wird etc.
- Einleitung keine Aufzählung von Fakten sondern ein Argumentationsgang wo sie Fragen stellt und versucht eine Gesamtlogik zu begreifen und zu analysieren
- Sie lädt uns ein ihren Gedanken/Fragen zu folgen und neue Fragestellungen zu erstellen sowie einen Perspektivenwechsel vorzunehmen
- In ihrer Zeit gängige Theorie vom Ewigweiblichen: Vorstellung es gibt etwas ewiges/substantielles was die Frau ausmacht, Anhänger sagen die Fraulichkeit geht verloren etc.
- Fundamentale Frage, die eine erste theoretische Klärung ihres Gegenstandes Herbeiführt: „Was ist eine Frau" (Worüber reden wir, was ist eine theoretische Vorstellung einer Frau, was sind richtige Frauen, blickt man auf ein Weiblichkeitsideal oder reale Frauen…)

➢ Was ist eine Frau?
- Gängige Vorstellungen:
  - Ewig weibliches: Ideal, Mythen, Archetypen, kulturunabhängiges inneres Wesen der Weiblichkeit
  - Weibchen: (Zoologie, Biologie) Kennzeichen: Gebärmutter, Ovarien
- Beauvoir weist beide Vorstellungen zurück, da sie eine Substanz von Frau-Sein behaupten, die widerlegbar ist
  - Auch Menschen mit Uterus wird das Frau-Sein häufig abgesprochen
  - Kulturell fixierte Charaktertypen wie „die Frau", „der Jude" etc. stellen eine „Sekundärreaktion auf eine Situation" *dar
    * der Grund dafür dass es Unterschiede gibt liegt nicht in einer ewigen dahinter liegenden Wahrheit sondern in der spezifisch der Situation in der ein Mensch heranwächst und lebt
  → es gibt keine eindeutige Antwort

➢ Begriff „Frau"
- Was macht den Kern aus?
  - Der Kern ist kein fester Kern, sondern ein in einer bestimmten Lebenssituation gelebtes Leben
    → das ist das womit uns befassen können
- Beauvoir: „ die Tatsache bleibt bestehen, dass jedes konkrete menschliche Wesen immer in einer speziellen Situation ist. Wenn man die Begriffe des Ewigweiblichen, der schwarzen Seele, des jüdischen Charakters ablehnt, so heißt das nicht leugnen, dass es heut Juden, Schwarze oder Frauen gibt."
  - Sie insistiert und hinterfragt dann ihr Insistieren
  → d.h.: Frauen als existierende Menschen, geprägt von Gewohnheiten und Erziehung

24

→ diese „Situation" stellt Beauvoir ins Zentrum ihrer Analyse, und nicht etwas immer schon als festes „Wesen" gegebenes

- ➢ Frau als Andere
  - Was ist eine Frau?
    - → die Frage selbst ist bereits ein Symptom der existierenden Situation d.h. in der Frage selbst steckt schon ein Hinweis auf die Gesamtlogik des Verhältnisses zwischen Männern und Frauen in der Kultur
    - →der Mann befragt sich kulturell nicht im Hinblick auf das Geschlecht
  - Asymmetrie der kulturell dominanten Muster (Gesamtlogik/Struktur des Geschlechterverhältnisses)
    - Der Mann: unhinterfragte Norm, das Ganze, Positive, Selbstverständliche, das Absolute
    - Die Frau: wird als das Andere bestimmt in Bezug auf die Norm, nur in Relation gedacht, das Mangelhafte, Negative, zu Befragende
      - → Frau in einer schwierigen Lage weil sie immer nur in Bezug aus das Eigentliche/Norm (=Mann) gedacht und definiert wird
      - → geht davon aus dass die Frau in unserer Gesellschaft das relative Wesen sei (nicht das autonome)
  - Existentialismus als Grundlage ihrer Argumentation
    - Der Mann setzt sich selbst als Subjekt, eigener Subjektentwurf/Chance auf eigene Existenz
      - → Mann als das Allgemeine, Eigentliche und Frau als Andere bzw. Abweichung davon
    - Die Frau erhält Subjektentwurf über den Mann, wird in Relation zum Mann gedacht, Chance auf eigene Existenz gesellschaftlich begrenzt
  - Position des Autonomen
    - Position des Autonomen Subjekts ist in der abendländischen Denktradition wichtig, in der sie philosophisch geschult ist (vor allem in der Tradition der Aufklärung und des Rationalismus) und ist mit der Vorstellung der Selbstbestimmung und Freiheit verbunden
    - Autonome Subjekt ist die Instanz die Selbstbestimmung praktizieren kann und die Möglichkeit hat sich zu befreien (aus den Begrenzungen der Verhältnisse)
      - →Existentialismus knüpft hier an und sieht in der Autonomie erst die Möglichkeit sich selbst ein Lebensentwurf/eigene Existenz/Mission zu geben, in diesem eigenen Entwurf steckt die Chance sich aus den Vorgaben und den engen Rahmenbedingungen der Gesellschaft zu „befreien"
      - → Entwurf ermöglicht die Freiheit des Ich und die Chance auf Unabhängigkeit
      - → zentraler Punkt im Existentialismus: ich entwerfe mir meine Existenz selbst
      - → dadurch dass die Frau nur in Relation gedacht wird und nicht in der Position des autonomen Subjekts kann sie keinen eigenen Entwurf machen (partizipiert am Entwurf des Mannes)
  - Beauvoir betrachtet die Denktradition (ihrer Kultur) als **Dilemma**, denn sie engt die Möglichkeiten ein

Sich als denkendes Subjekt selbst wahrnehmen	↔	Gesellschaft erlegt ihr aber auf, nur das Andere zu sein
Glück in der Sklaverei	↔	Freiheit, selbst Subjekt zu sein

  - Es wird behauptet die Frau hätte durch den Mann großes Glück am Status des Mannes zu partizipieren, denn sie müsse nicht arbeiten gehen usw.
    - → Beauvoir sagt Glück sei ein problematischer Begriff, sie meint dazu: „Es ist immer leicht die Situation als glücklich zu erklären zu der man jemanden zwingen will"

- Gängige Argumentation: Sklaven seien doch glücklich in ihrem Status denn sie seien mit der Freiheit überfordert
  → Beauvoir hält das Glück für einen unbrauchbaren Begriff (anschließend an den Existentialismus ist ihr Begriff „Freiheit"-sich selbst eine Existenz zu entwerfen), um diese Aussage zu verdeutlichen macht sie einen Vergleich mit dem Rassismus und knüpft an eine kritische Bemerkung von Bernard Shaw an

➢ Sein und Werden
- Bernard Shaw: Rassismus
  - „der weiße Amerikaner weist dem Schwarzen die Rolle des Schuhputzers zu: daraus schließt er dann, dass er (der Schwarze) zu weiter nichts taugt"
    → Vorurteil: wenn du an dieser Stelle der Hierarchie der Gesellschaft bist taugst du zu nichts mehr denn alle haben prinzipiell die Möglichkeit
    → Beauvoirs provokante Frage: Gibt die Situation in der jemand ist Auskunft über das was jemand kann?
- Schuhputzer sein? Bedeutung des Verbs „sein"?
  - Anschluss an Philosophie Hegels
  - Aussage über die Substanz/festen Zustand einer Sache
  - Aussage über die Dynamik in einer Sache, Geworden-Sein, „zu dem geworden sein, als was man sich manifestiert", werden
    →soziale Situation als eine des geworden seins, d.h. Frauen sind dazu geworden
    → öffnet eine neue Perspektive der dynamischen Prozesse, man fragt nicht danach welche Unterschiede es gibt sondern wie sie entstehen
    → Frau- Sein wird aufgelöst in ein Geschehen in dem jemand zur Frau wird und in der sie in einer Situation lebt die ihr von der Kultur zugewiesen wird
- „die Frauen in ihrer Gesamtheit sind heute den Männern unterlegen, das heißt, dass ihre Situation ihnen geringere Möglichkeiten eröffnet: die Frage ist nun, ob dieser Stand der Dinge immer der gleichen bleiben soll"
- Zentrale These: „man kommt nicht als Frau zur Welt, man wird es. Kein biologisches, psychisches, wirtschaftliches Schicksal bestimmt die Gestalt, die das weibliche Menschenwesen im Schoß der Gesellschaft annimmt."
  → Prozess der Prägung und Formierung, weist alles zurück was Frau-Sein als Zustand begreifen lässt
  → Schoß der Gesellschaft: wir formen uns in der Gesellschaft
  → wiederspricht der zu ihrer Zeit gängigen Vorstellung dass in der Biologie alles verankert ist was uns zu Männern/Frauen macht

- Der Begriff Gender ist mit Beauvoirs Grundidee verknüpft man werde zur Frau gemacht
  → begriffliche Unterscheidung von sex/gender

14.01.2014   11. Vorlesung: sex-gender Unterscheidung

3. Teilthema: „Sex-Gender Unterscheidung"

- Unterscheidung zwischen Natur und Gesellschaft

➢ Begriff Gender
- Engl. Gender= grammatisches Geschlecht, Genus
- Geschichte:
  - „Gender" in einschlägigen Wörterbüchern bis in die 1960er Jahre: = lexikalisch-grammatische Unterscheidung von „weib-lich" und „männlich"

26

- 1968 benutzte Robert J. Stoller (Psychoanalytiker) Gender erstmals in einem anderen Sinne zur Differenzierung sozialer und biologischer Geschlechtsidentität, seine zentrale These: Geschlechtsidentität wird postnatal erworben und in den ersten 18 Lebensmonaten geprägt
  → begriffliche Unterscheidung von Sex und Gender
- Seit den 1970er Jahren: anglo-amerikanische Feministinnen und frühe Frauenforscherinnen verwendeten den Begriff
  → haben Begriffsunterscheidung zwischen Sex und Gender populär gemacht
  → ihnen ging es darum diese verbreitete Vorstellung dass aus einer biologischen Ausstattung heraus begründbar sei was für einen Platz Menschen in der Gesellschaftordnung haben zurückzuweisen
- Zielsetzung: es ging darum das biologische Geschlecht von dem gesellschaftlichen Geschlecht begrifflich abzugrenzen: Sex/Gender-Unterscheidung

➢ Sex-Gender
- **Sex: biologisch-körperlich gegebenes Geschlecht (Anatomie, natürliche Grundlage)**
- **Gender: gesellschaftliche Rolle/Merkmale, je nach Kultur und Epoche variierend** (wird z.B. über die Sozialisation erworben)
  → gesellschaftlich Erworbenes
  → alles womit wir nicht zur Welt kommen, was sich im Laufe der Zeit herausprägt
- **Wichtige Annahme: Sex mag von Natur aus festgelegt sein, Gender ist dies nicht notwendigerweise. Gender ist gesellschaftlich erworben. Es ist gestaltbar. Die Gesellschaft kann das Gender von Frauen und Männern sehr unterschiedlich gestalten**
  → Sex fest gegeben und nicht veränderbar
  → Gender stark veränderbar
- **Zentrale Schlussfolgerung: aus der Natur des Geschlechts (Sex), kann keine gesellschaftliche Unterordnung (Gender) abgeleitet werden. Biologie ist kein Schicksal, entgegen gängigen aller Behauptungen** dass in der Natur die Gesellschaftsordnung vorgezeichnet sei
  → ermöglicht die gesellschaftliche Infragestellung des einen Geschlechts unter das andere
- In der Sex-Gender Unterscheidung haben sich die Frauenforscherinnen nicht gleichermaßen mit beiden Begriffen beschäftigt, man hat eher gesagt: die Natur mag so sein wie sie ist was wir genauer in den Blick nehmen ist das Gender (Art und Weise wie Gesellschaft und Kultur funktionieren und Festlegungen treffen)
  → Untersuchungsbereich: Gender
- Sex und Gender sind als Begriffe in die deutsche Forschung übernommen worden weil es keine passende deutsche Übersetzung gab
- **Forderung: nach gesellschaftlicher Veränderung von Geschlechterrollen und gesellschaftlich zugeschriebenen Merkmalen und Stereotypen**
- Renate Hof (Berliner Genderforscherin) sagt: diese Sex- Gender Unterscheidung war eine radikale Idee, denn sie widersprach dem was zuvor in der bürgerlichen Gesellschaft mit den Geschlechtscharakteren als Faktum galt
  → Gender bringt eine Öffnung der theoretischen Perspektive
- Sex-Gender Unterscheidung war ein Meilenstein weil man damit eine Kausalargumentation(Kausalzusammenhang) zwischen Biologie und gesellschaftlicher Ordnung) zurückweisen konnte, die vorherrschen gewesen ist

➢ Gender Studies (gründen auf Sex-Gender Unterscheidung)
- Wissenschaftliches Gebiet, das sich mit Gender beschäftigt
- Hat sich aus der Frauenbewegung und der Frauenforschung der 1970er Jahre entwickelt
- Untersucht das gesellschaftliche Geschlechterverhältnis als strukturierte und strukturierende Bedingung menschlicher Gemeinschaften

→ untersucht wie soziale Unterlegenheit der Frau bzw. Überlegenheit des Mannes entsteht

→ **Geschlecht als soziale und kulturelle Kategorie der Organisation des Zusammenlebens, der Identitätsbildung und der kulturellen Produktion**

- Fokus: Hierarchie der Geschlechter, Ungleichheiten, Stereotypen und Zuschreibung

➤ **Was ist Natur? Was ist Kultur?**
  - Bilder...
  - Kritik an Sex-Gender Unterscheidung
    - Nicht klar trennbar
    - deswegen ist die Sex-Gender Unterscheidung problematisch, weil Kultur und Natur nicht klar trennbar sind
    - Mit einigen Sackgassen verbunden
    - Natur-Kultur Verhältnis wird nicht genauer reflektiert (bleibt ungeklärt, damit die Frage ob Kultur und Natur klar trennbar sind)
    - Gibt es den natürlichen Körper unabhängig von gesellschaftlicher Formung?
  - Renate Hof kritisiert es gäbe in der begrifflichen Trennung von Sex und Gender eine Prämisse(Vorannahme, die nicht ausgewiesen ist): Körper und Sexualität existieren vor jeder gesellschaftlichen Formung so wie sie sind
    - Dagegen lässt sich einwenden (gegen begriffliche Unterscheidung): die Wahrnehmung natürlicher Unterschiede erfolgt immer im Kontext kultureller Vorannahmen
    → wir sehen nicht einfach Natur, sondern wir sehen nur das wofür wir Begriffe haben, Begriffe sind aber enorm kulturabhängig
    → Beschreibungskategorien sind kulturell vorgeprägt
    → dadurch dass unsere Wahrnehmung kulturell geprägt ist, können wir Natur immer nur in unseren selbst geschaffenen Begriffen wahrnehmen (Einwand!)
    → Einwand wurde in theoretischen Weiterentwicklungen ausgearbeitet

4. Teilthema: Gender-Theorien: gleichheitstheoretische vs. Differenztheoretische Perspektive
- Es gibt 3 Grundperspektiven die, die Gender Studies einnehmen können
- Von Beauvoir abgeleitete Theorieperspektiven, die die Sex-Gender Unterscheidung in unterschiedlicher Weise wieder aufgreifen oder kritisieren:
- Man kann ausgehend von Beauvoir zentraler These „man wird nicht als Mann oder Frau geboren, sondern man wird es" unterschiedliche Perspektiven ableiten
- Ersten beiden theoretischen Perspektiven knüpfen prinzipiell an Sex-Gender Unterscheidung an und richten sich vorrangig auf die Betrachtung von Gender (in unterschiedlicher Weise)

➤ **Von Beauvoir abgeleitete theoretische Perspektiven 1:** liberaler Feminismus
  - Gleichheitstheoretische Position die politisch mit dem liberalen Feminismus verbunden ist in dem es darum geht Gleichheit und Gerechtigkeit zu erringen
  - Perspektiven die sich für die Frage der Gleichheit und Gerechtigkeit interessieren
  - Knüpfen an Sex-Gender Unterscheidung an und kümmern sich um Gender (Fokus)
    - gehen davon aus (im Anschluss an Beauvoir) dass **die Frau nicht mehr das andere Geschlecht sein soll, sondern dem Mann gesellschaftlich gleichgestellt (liberaler Feminismus), z.B. an Rechten** oder in der Erwerbstätigkeit)
  - **Forschungsfragen** die gleichheitstheoretisch angeleitet sind **z.B.:**
    - Wie ist es um die **Partizipation von Frauen** im Bereich XY **bestellt?**
    - **Wo herrscht Unterrepräsentanz?**
    - **In welcher Art und Weise funktionieren Exklusionsmechanismen?**

→ Wie formt Gesellschaft Gleichheit oder Ungleichheit der Geschlechter aus?

➢ Von Beauvoir abgeleitete theoretische Perspektive 2. Theoretische Perspektive: differenztheoretische Position
- Politisch verbunden mit: Differenzfeminismus, muss aber nicht damit verbunden sein
- Knüpft auch an Sex-Gender Unterscheidung an und arbeitet mit ihr, dabei steht Gender im Fokus
- Differenzfeminismus: die Frau zwar als das Andere, aber nicht mehr das Negative, Abgewertete, sondern kulturell
  → Problem ist die Wertung, Differenzfeminismus strebt kulturelle Gleichwertigkeit an
  → gehen davon aus dass Gender unterschiedlich ist aber dass Hierarchisierung und Abwertung das Problem sei
  → Andersheit wird nicht negativ interpretiert, es geht um Anerkennung kulturellen Gleichwertigkeit von Differenz, äußert sich wenn man z.b. von **einem weiblichen und männlichen Führungsstil** spricht
- Forschungsfragen z.B.:
  • Welche gesellschaftsspezifischen Wertmaßstäbe haben Frauen und woran richten sie typischerweise ihr Handeln aus- anders aber eben nicht schlechter?
    →kulturelle Differenzen werden versucht zu erforschen und sie nicht als hierarchisch zu betrachten sondern als gleichwertig aber unterschiedlich betrachtet
  - Vor allem in Diversity (Vielfalts-) orientierten Kontexten wir gesagt man muss das Andere in seiner Eigenwertigkeit als besondere Ressource erkennen und in seiner Besonderheit einsetzen

➢ Von Beauvoir abgeleitete theoretische Perspektiven 3: konstruktivistische Perspektive
- Sex-Gender Unterscheidung wird nicht aufgegriffen, sondern kritisiert wird
- Hinterfragt Natur-Kultur Trennung und konzentriert sich darauf wie das was als Natur gilt kulturell/sozial konstruiert ist
- Politisch verbunden mit dem konstruktivischen Feminismus
- **Konstruktivistischer Feminismus: Frau/Mann** sind nicht vorgegeben sondern sind gesellschaftlich gemacht und wichtig sein diese Konstruktion von Geschlecht zu hinterfragen, z.B. bei gängige Vorstellungen oder im alltäglichen sozialen Handeln, in denen/dem aktiv zwischen Frauen und Männern unterschieden wird
- Forschungsfragen:
  • Wie wird im Alltag Frauen technische Kompetenz abgeschrieben und soziale Kompetenz zugeschrieben?
  • Wie wird Männern genau das Gegenteil ab- bzw. zugeschrieben- und zwar als etwas ganz natürliches?
  • Wie wird damit Geschlecht als natürliche Tatsache beständig neu konstruiert?

- gleichheitsorientiere und differenzorientierte Zugänge wurden sehr stark in den 1980er Jahren diskutiert (es gibt sie heute immer noch)

21.01.2014   12. Vorlesung:

➢ Klausur
- Wenn nicht anders angegeben nur 1 richtige Antwort!!!
- Beispielfrage 1: Was meint in den Gender Studies „vertikale Segregation"?

29

a) Die ungleiche Verteilung von Frauen und Männern auf verschiedenen Tätigkeitsfelder und Berufsgruppen
b) Die ungleiche Verteilung von Männern und Frauen auf die verschiedenen Hierarchieebenen in einem Berufsfeld oder in einer Organisation
c) Die ungleiche Verteilung von Haushalten, in denen das Haupteinkommen von Männern oder Frauen erwirtschaftet wird
d) Die ungleiche Größenverteilung, nach der Männer in der Regel größer sind als Frauen
- Beispielfrage 2: Die Schrift „ein Zimmer für sich allein" von Virginia Woolf gilt als...(Kreuzen sie die falsche Antwort an)
  a) Erste Programmschrift im Kampf der Frauen um höhere Bildung
  b) Erste (informell erzählte) Sozialgeschichte von Frauen der englischen Literatur
  c) Einer der meistzitierten Texte der Frauen- und Geschlechterforschung
- Beispielfrage 3: Was besagt die These der „doppelten Vergesellschaftung" von Frauen, wie sie von Becker-Schmidt formuliert wurde?
  a) Frauen werden in zweifacher Weise zu Gesellschaftsmitgliedern. Dies erzeugt Konflikte für die betroffenen Frauen, die strukturell bedingt sind (durch Sphärentrennung von Lohn- und Hausarbeit)
  Richtiiiig!
  b) Frauen sind einer Doppelbelastung durch Erwerbsarbeit einerseits und Familienarbeit andererseits ausgesetzt. Sie werden daher doppelt „vergesellschaftet" im Sinne von gesellschaftlich „ausgenutzt".
  c) Frauen werden in doppelter Weise aus der Gesellschaft ausgeschlossen, einmal durch geringere Chancen im Berufsleben und ein andermal durch ihre niedrige Position in der patriarchalen Familie. Vergesellschaftung steht hier für mangelnde Integration.

Wiederholung

Aufschlüsseln der 3. Grundlegenden Theorieperspektive (konstruktivistische Ansätze): Frage nach der Konstruktion von Geschlecht

- Es hat sein den 1990er Jahren sehr rasante maßgebliche Theorieentwicklungen gegeben

➢ Unterschiedliche konstruktivistische Perspektiven
- „Grobunterteilung" in Mikro und Makro zur Strukturierung konstruktivistischer Perspektiven
- In einer **Mikroperspektive** schaut man sich an wie Geschlecht in der **alltäglichen Aktion** gemacht
  → kleine, alltägliche Dinge der sozialen Welt werden wie durch ein Mikroskop **betrachtet** (mit einen kritischen Forschungsblick)
  → Anschauung minimaler Prozesse die sonst kaum Beachtung finden
- **In der Makroperspektive** wird von den kleinen Dingen Abstand genommen, man schaut wie durch **ein Weitwinkelobjektiv** und versucht das **größere Panorama der sozialen Welt (Diskurse, symbolische Ordnung)** in den Blick zu bekommen
  → es handelt sich um Einzelbilder, die zum Teil in größere Bildtraditionen eingegliedert haben
- Mikroperspektive ist verbunden mit:

- Suzanne Kessler/Wendy McKenna
- Candace West/Don Zimmerman
- Erving Goffman
- Makroperspektive ist verbunden mit:
  - Judith Butler

5. Teilthema: Kritik an der Sex-Gender Unterscheidung 1: Doing Gender

➢ Mikrosoziologie: Bsp. Ethnomethodologie
- Mikrosoziologie: folgt man Giddens gibt es zwei Gründe für die Untersuchung ganz alltäglicher Interaktionen (nicht bezogen auf Geschlecht)
  1. Alltägliche Handlungsroutinen verleihen dem was wir tun Struktur und Form, daher können wir durch die Untersuchung dieser Handlungsroutinen in der Soziologie etwas über uns als soziale Wesen und über das soziale Leben herausfinden
     - → wenn man Routinen untersucht versteht man wie das Soziale geregelt, geordnet und strukturiert ist
  2. Die Untersuchung der sozialen Interaktion auf der Mikroebene gibt Aufschluss über größere gesellschaftliche Zusammenhänge, nämlich: soziale Systemen und Institutionen, Strukturen auf der Makroebene basieren auf routinisierten Handlungsmustern auf der Mikroebene
     - Wie funktioniert im Alltag das routinisierte Miteinander?
     - man kann über das Studium von Handlungsroutinen etwas darüber herausfinden wie der größere gesellschaftliche Zusammenhang aufgebaut ist (weil sich Routinen verfestigen und Strukturen aussenden)
     - Giddens: „ Die alltägliche Interaktion beruht auf subtilen Beziehungen zwischen dem was wir durch unser Gesicht und unseren Körper und dem was wir durch unsere Worte vermitteln"
       → Worte& Mimik werden verwendet um bestimmte Sinngehalte zu vermitteln und andere zu verbergen
- Roland Hitzler, mikrosoziologische Perspektive:
  „Inszenierung (die Art wie wir uns gestisch, mimisch, körperlich und sprachlich geben/anderen zeigen) ist keine besondere Sache Alltagsdramaturgie, keine außergewöhnliche Art von Verhalten, Schauspielen, keine spezifische Form menschlichen Zusammenlebens, sondern eine Grundgegebenheit der Conditio Humana zum einen und zu anderen eine banale alltägliche Angelegenheit"
  → Theatermetapher
  „ wir alle zielen vermittelnd durch unsere Selbstdarstellung darauf ab, von den anderen auf eine bestimmte Art und Weise wahrgenommen zu werden, vor den anderen in einem bestimmten Licht zu erscheinen"
     - Im Anschluss an mikrosoziologische Perspektiven stellen Gender Studies Frage wie:
       → Wie rücken wir uns in ein solches Licht dass wir als Frauen und Männer erkennbar werden?
       → Wie nehmen wir andere als Frauen/Männer wahr?

- 1978 haben sie sich mit der Frage beschäftigt: Wie stellen sich andere selbst dar damit sie als Frauen/Männer erkennbar werden?
  - Wenn man dies hinterfragt kommt man an die mikroskopisch zu betrachtenden minimalen Handlungsroutinen die ermöglichen, das man sich wechselseitig als Mann/Frau klassifizieren kann

- Buch „Gender a methodological approach" ist 1978 erschienen und knüpft an eine bestimmte mikrosoziologische Arbeit an: Ethnomethodologie von Garfinkel
- **Leitfrage: Wie funktioniert das Handeln im Alltag? Mit welchen praktischen Mitteln handeln wir in alltäglichen Interaktionen?**
  - → untersucht auch Routinehandeln
- **Begründer: Harold Garfinkel**
- Knüpft an, an: phänomenologische Soziologie (nach Schütz), amerikanischen Pragmatismus, symbolischen Interaktionismus als größere theoretische Traditionen die auch überlappend in den Bereich der Philosophie hineingehen(ausgehend davon entwickelt er die Ethnomethodologie)
- **Der Begriff „Ethnomethodologie" wurde mit Blick auf Ethnowissenschaft erfunden, in der untersucht wird, welches Wissen es in einem bestimmten Stamm (ethnos) gibt, mit dem die Mitglieder über die Natur verfügen und sich ihre Welt klar machen** (sagt **Abels**)
  - Vom Begriff eine Anlehnung an Ethnologie und knüpft an das an was die Mitglieder einer bestimmten Gruppe wissen und tun um ihre Welt sinnhaft zu interpretieren
- In der Ethnomethodologie geht es darum diejenigen Methoden aufzudecken die es Mitgliedern einer Gesellschaft möglich machen im Alltag zu handeln
  - (Ethno)Methoden im Sinne von Routinen
  - Wir alle verfügen über für unsere Kultur spezifische Methoden um unseren Alltag bewältigen zu können
  - Keine Untersuchung anderer Kulturen sondern Neubetrachtung alltäglicher Prozesse der eigenen Kultur
    - → will die eigene Kultur wie eine fremde neu betrachten
- Im ethnomethodologischen Sinne vorgehen: selbstverständlich erscheinendes Alltagswissen und Alltagshandeln hinterfragen
- **Garfinkels Grundannahme: in jedem sozialen Gebilde gibt es typische Methoden, mit deren Hilfe Individuen ihren Alltag bewältigen und eine gemeinsame Wirklichkeit konstruieren**
  - Methoden sind meist nicht bewusst
  - Nicht das was wir sonst als bewusstes/kalkulierendes/strategisches Handeln betrachten
  - Es geht um die mehr oder weniger bewusste Art und Weise und oft präreflexive Art und Weise in der wir uns gegenseitig des Sinn unseres Handelns im Alltag anzeigen
- **Garfinkels These: Was sich im Alltag ereignet, unterliegt nicht einfach dem Zufall.** Vielmehr existieren typische (bewährte) Methoden =**Was sich im Alltag ereignet unterliegt Regeln.**
  - Ethnomethodologie findet die Regeln heraus

- Annette Treibel: durch Grafinkels Ethnomethodologie wurde erst deutlich wie viele Informationen, Definitionen und Erwartungen in Interaktionssituationen mitschwingen, die man nicht mitreflektiert und auch nicht mitreflektieren kann weil man sonst nicht mehr handlungsfähig wäre
  - Schlüsselt man den Prozess alltäglicher Interaktion auf so merkt man was alles dafür nötig ist dass Menschen sich verstehen und miteinander umgehen können
- Garfinkels **Untersuchungsmethodik: Krisenexperimente**
  - Regeln des Alltagslebens wurde in Krisenexperimente untersucht, d.h.: an Fällen in denen routinierte Erwartungen testweise nicht erfüllt werden und in denen vorhandenen Selbstverständlichkeiten und Alltagsrituale brüchig werden um über das Inszenieren einer Krise in einer Alltagssituation mehr darüber zu erfahren was die Erwartung ist
  - Bsp.: auf die Frage „Wie geht es dir" wurde gefragt was man mit dieser Frage meint

> **Bsp.: Overlay-Study von Kessler/McKenna**
  - Knüpfen mit ihrer Studie an Garfinkel an indem sie Tests machen in denen es darum geht in Erfahrung zu bringen wie wir dazu kommen andere als Frauen oder Männer zu erkennen (woran wir es fest machen)
  - Overlay-Study ist ein Experiment
    - Die empirische Basis kann man sich als Overhead Folie vorstellen, wo man verschiedene übereinander legt (daraus können Menschen, Körperteile zusammengesetzt werden)
    - Die Folien sind „Körpermerkmale" wie Bart usw.
    - Nackte Körper werden durch das Übereinanderlegen von Folien zusammengesetzt
    - in dem Foliensatz gibt es 96 mögliche Kombinationen von Merkmalen um Personen darzustellen
    - das Gesicht ist immer gleich
  - **Empirische Basis: 96 mögliche Kombinationen von Merkmalen, je 10 Befragte, insgesamt n=960 Geschlechtszuschreibungen von Merkmalskombinationen**
    - Kessler/McKenna haben mit je 10 Befragten gearbeitet
    - Führt dazu dass es insgesamt eine Grundgesamtheit von max. 960 Geschlechterzuschreibungen von Merkmalskombinationen gibt
      → alle Folien wurden unterschiedlich kombiniert und diese 96 Kombinationen je 10 Personen vorgelegt, dazu wurden den Personen Fragen gestellt
  - **3 Fragen an Testpersonen**
    1. Wie klassifizieren sie diese Person?
    2. Warum klassifizieren sie diese Person als…?
    3. Was muss an dem Erscheinungsbild geändert werden, um die Person anders zu klassifizieren?
  - Forschungsinteresse: Welchen Stellenwert haben bestimmte physische Hinweise auf das Geschlecht im Unterschied zu anderen Hinweisen, wenn die Geschlechtszuschreibung gemacht wird. Von besonderem Interesse sind in der Studie daher auch uneindeutige oder widersprüchliche Merkmalskombinationen.

- Welche Merkmale werden in den Kombinationen besonders bedeutsam, welche weniger?

➤ Beispielbilder Overlay-Study, widersprüchliche Merkmalskombinationen
  - Ergebnis 1: Die Befragten tendieren dazu, Personen eher als männlich zu klassifizieren. Sie „sehen" den Mann, auch wenn das Genital unsichtbar und die restlichen Merkmale uneindeutig sind.
    - Weiblichkeit: die Abwesenheit von Hinweisen auf männliche Geschlechtsmerkmale
      → Merkmale des Mannes werden stärker wahrgenommen
      → Ergebnis gründet auf 2 Befunde
  - Befund 1: wenn die Genitalien nicht sichtbar waren und sich die anderen Merkmale „hälftig" auf weibliche und männliche Geschlechtsmerkmale aufteilten fiel die Geschlechtszuschreibung nicht „hälftig" aus, überproportionale häufig wurde die abgebildete Figur als männlich klassifiziert
  - Befund 2: sekundäre weibliche Geschlechtsmerkmale werden zu 55% als männliche interpretiert wenn die Kombination uneindeutig ist, sie werden nur als weiblich gesehen wenn sie im Kontext überwiegend weiblicher Merkmale auftreten
  - Ergebnis 2: Hinweise auf das Geschlecht wirken nicht additiv (Merkmale werden nicht einfach zusammengezählt), sondern in Form von Gestalt-Schließen(man nimmt bestimmte Sachen vorrangig wahr und vervollständigt in der eigenen Wahrnehmung den Rest der Gestalt). Dabei funktionieren Genitalien als die zentralen Merkmale, die die Interpretation aller anderen Merkmale beeinflussen.
    - Genitalien haben einen bevorzugten Stellenwert
    - es gibt ein Ungleichgewicht: Penis wird männlich gleichgesetzt, die Vagina nicht
    - es gibt kein einziges Merkmal das eindeutig unbestritten weiblich gilt und nicht umgedeutet werden kann, umgekehrt gilt dies nicht für männliche Merkmale
    - Geschlechtszuschreibung folgt der Logik: Männlichkeit ist etwas zu haben, Weiblichkeit etwas nicht zu haben (basiert auf dem Befund dass insbesondere die Tatsache dass eine Figur einen Penis hat dazu führt dass alle anderen Merkmale in dem Prozess des Gestalt-Schließens angeglichen oder ignoriert werden)
      → das Vorhandensein einer Vagina wird nicht in gleicher Weise bewertet wie das Vorhandensein eines Penis
  - Gesamtergebnis: Geschlechtsattribuierung (Zuschreibung von Geschlecht) ist überwiegend Genitalattribuierung (Genitalzuschreibung, weil wir uns privilegiert auf Genitalien beziehen). Genitalattribuierung ist im Wesentlichen die Zuschreibung eines Penis
    → Ethnomethode
    → wenn es drauf ankommt entscheidet das Genital, wird aber nicht gleichwertig behandelt (es ist ein Penis da, es ist keiner da...)
  - Im Alltag müssen wir Geschlechtsklassifikation vornehmen ohne das Genital zu sehen (Kleidung und so)
    - Im Alltagsleben funktioniert die Genitalzuschreibung als Zuschreibung „kultureller Genitalien"
    - Wir klassifizieren obwohl wir das eigentlich nicht können

→ wir müssen uns in der Klassifikation die wir im Alltag machen auf etwas beziehen was kulturell sichtbar gemacht wird, was in der Inszenierung/Selbstdarstellung der Einzelnen erkennbar ist

→ das was erkennbar ist: kulturelle Genitalien: Genitalien deren Existenz nur angenommen wird, auf Basis von anderen Hinweisen, die wir in der Sozialinteraktion bekommen

→ Geschlechtszuschreibung als Genitalzuschreibung ist im Alltag ein kultureller Prozess und basiert auf einer Geschlechtsdarstellung (basiert auf tertiären Merkmalen im nonverbalen Verhalten: Mimik, Körperbewegung…)

- Darstellung und Klassifizierung muss im Sozialisationsprozess gelernt werden, denn dieses (Darstellung& Klassifizierung) folgt Ethnomethoden (sozial geteilten Regeln und Zeichensystemen), die wir als Erwachsene nicht zur Kenntnis nehmen
  - Es geht nicht um starre Anwendung sondern Zeichen flexibel einsetzen zu können, in unterschiedlichen Kontexten stimmige Geschlechtsdarstellung hervorbringen zu können oder Geschlechtsdarstellungen zu erkennen
  - Klassifizierung von Männern/Frauen im Alltagshandeln (Routinen) folgt einem Schema, das die Zuordnung auch bei uneindeutigen und unkonkreten Hinweisen steuert

    → Frauen werden dort klassifiziert, wo man keinen Mann klassifizieren kann

    → die Anwesenheit eines männlichen Zeichens muss im Prozess des Gestalt-Schließens zur Kenntnis genommen werden und ein Zeichen kann ausreichen um zu dieser Klassifikation zu kommen dass es ein Mann ist

    → in der sozialen Konstruktion von Geschlecht ist männlich die primäre Konstruktion und weiblich nur eine die gemacht wird wenn das männliche abwesend ist

    → mit unserer Darstellung machen wir erkennbar ob wir weiblich/männlich sind

    → Klassifikation ist Zuschreibung von Geschlecht

    → Konstruieren besteht in Prozessen der Darstellung und Zuschreibung, es ist nicht einfach da, sondern das was in unseren Handlungsroutinen verankert ist und wo es sich um soziale Prozesse handelt wo etwas gemacht wird damit der Eindruck entsteht es gäbe Frauen oder Männer vor jeder Sozialinteraktion(kurz: Frauen und Männer existieren nicht vor jeder sozialen Interaktion, sondern werden in sozialen Interaktionen –Prozesse der Selbstdarstellung und des Erkennens und Klassifizierens- gemacht= konstruktivistische These)

> **Doing Gender**
  - Anschlussarbeiten an Kessler/McKenna
    - Mit diesen Arbeiten sind mikrosoziologische Betrachtungsweisen der Alltagsroutinen der Herstellung von Geschlecht verbunden
      Ende der Vorlesung!
  - **Hinterfragen von alltäglichen Selbstverständlichkeiten**
  - **Geschlecht sei eine natürliche Vorgabe, nämlich:**
    - **Es gäbe nur zwei Geschlechter**
    - **Jeder Mensch hat entweder das eine oder das andere**

- Die Geschlechtszugehörigkeit steht von Geburt an fest, verändert sich nicht und verschwindet nicht
- Geschlecht kann an den Genitalien zweifelsfrei erkannt werden, ist daher ein biologisch eindeutig bestimmbarer Tatbestand, auf den wir keinen Einfluss haben
- Dies war zu allen Zeiten und in allen Kulturen so

→Grundauffassungen der Alltagstheorie von Geschlecht

28.01.2014   13. Vorlesung: Doing Gender…

- ➢ Doing Gender
  - Ansatz arbeitet überwiegend mikrosoziologisch
  - Der Ansatz ist in den späten 1980er Jahren von zwei Autorinnen weiter profiliert worden: West und Zimmermann
  - 1987 erschienene Schrift trägt erstmals den Titel „Doing Gender"
  - Hinterfragen von alltäglichen Selbstverständlichkeiten
    → wir haben eine Alltagstheorie von Geschlecht, die durch konstruktivistische Ansätze hinterfragt wird
  - Alltagstheorie: Geschlecht sei eine natürliche Vorgabe, (nämlich) wir nehmen an:
    - Es gäbe nur zwei Geschlechter
    - Jeder Mensch hat entweder das eine oder das andere
    - Die Geschlechtszugehörigkeit steht von Geburt an fest, verändert sich nicht und verschwindet nicht
    - Geschlecht kann an den Genitalien zweifelsfrei erkannt werden, ist daher ein biologisch eindeutig bestimmbarer Tatbestand, auf den wir keinen Einfluss haben
    - Dies war zu allen Zeiten und in allen Kulturen so

  →Grundauffassungen der Alltagstheorie von Geschlecht

- ➢   Doing Gender, durch die konstruktivistische Brille würde man sagen…
  - Über die Natur des Geschlechts können wir keine (belastbare) Aussage machen
  - Zentrale Annahme konstruktivistischer Ansätze: es gibt unterschiedliche kulturelle Konstruktionen von Geschlecht
    → es ist nicht eindeutig
  - Forschungsfrage: Nicht welcher Unterschiede sind feststellbar, sondern wie wird in der Gesellschaft/Kultur fortlaufend unterschieden

- ➢   „Doing Gender"1987, Hauptthese von West/Zimmermann
  - „Das Herstellen von Geschlecht (doing gender) umfasst eine gebündelte Vielfalt sozial gesteuerter Tätigkeiten auf der Ebene der Wahrnehmung, der Interaktion und der Alltagspolitik, welche bestimmte Handlungen mit der Bedeutung versehen, Ausdruck weiblicher oder männlicher „Natur" zu sein"
    - Doing Gender umfasst Tätigkeiten (ein „Doing"), Handeln
    - Das Gender ist nicht einfach da, sondern wird handelnd im Alltagsvollzug hergestellt , es wird auf verschiedenen Ebenen hergestellt: Wahrnehmung

(was erkenne ich), Interaktion (wie trete ich mit anderen in eine Wechselwirkung und Alltagspolitik

- Tätigkeiten/Handlungsweisen von Individuen werden in Prozessen der Wahrnehmung und der Interaktion mit Bedeutung versehen

  → Genitalien haben nicht von sich aus eine natürliche Bedeutung, sondern es wird ihnen Bedeutung zugeschrieben: Ausdruck von Männlichkeit und Weiblichkeit zu sein, wir schreiben ihnen aber auch die Bedeutung zu männlicher oder weiblicher Natur zu sein

  → wir gehen davon aus dass Genitalien Ausdruck eines natürlichen Geschlechtes seien, aber diese Natur wird zugeschrieben in Prozessen des Wahrnehmens und der Interaktion

  → Natur ist nicht im Körper verankert, sondern wird einem Körper in sozialen Prozessen angeheftet

  → mikrosoziologisch weil es im Alltag in jeder kleinen Situation passiert

- Ausgehend von diesen Gedanken haben West/Zimmermann vorgeschlagen die Sex-Gender Unterscheidung so wie sie vorher entwickelt worden war zu benutzen sondern haben ein verändertes Begriffsinventar vorgeschlagen

➤ **Doing Gender, Begriffe (Neufassung der Begriffe durch West/Zimmermann, 1987)**

- Vorgeschlagenes Begriffsinventar ist nicht mehr 2gliedrig (Sex-Gender) sondern 3gliedrig

- Sie unterscheiden in den sozialen Prozessen der Herstellung von Geschlecht im Alltagsleben 3 verschiedenen Bereiche:

  - **Sex: Geburtsklassifikation des körperlichen Geschlechts,** wird auf **Basis** von **sozial vereinbarten biologischen Kriterien** vorgenommen

    → nichts was dem Körper anhaftet, sondern etwas das bei der Geburt klassifiziert worden ist

    → man hat sich vorher in der Gesellschaft über diese Kriterien verständigt

    → Klassifikation auf der Grundlage unserer Konventionen (was wir glauben was diese Körperteile bedeuten)

  - **Sex-category: soziale Zuordnung zu einem Geschlecht im Alltag,** auf **Basis** sozial geforderte Darstellung entsprechend der Geburtsklassifikation

    → auf Basis (Alltags-) Darstellung soll mit der Geburtsklassifikation kohärent sein

  - **Gender: intersubjektive Validierung in Interaktionsprozessen durch situationsadäquates Verhalten und Handeln, Basis: normative Vorgaben was als angemessen gilt (Tätigkeiten)** ein Gegenüber in einer bestimmten Geschlechtlichkeit wahrzunehmen und zu behandeln

    → intersubjektives Bestätigen in der Interaktion dass wir uns wechselseitig als Mann/Frau erkannt haben, die Darstellung des Gegenübers als kohärent und überzeugend wahrgenommen haben und betrachten und deswegen das Gegenüber in der entsprechenden Art und Weise behandeln

- **Leistung und Verhältnis von Sex, Sex-Category und Gender/** Was leistet die begriffliche Neufassung?

  - **Analytisch unabhängig gedachte Dimensionen der Kategorie Geschlecht**

    → Neufassung leistet dass wir alle 3 Ebenen analytisch unabhängig voneinander denken können

37

→ wir gehen nicht davon aus dass das eine aus dem anderen folgt, sondern wir können alle Ebenen getrennt betrachten und untersuchen, trotzdem stehen die 3 Ebenen in Beziehung zueinander

→ Geschlechtsnatur /Natur an sich ist kein Teil der Klassifikation, sie ist nirgends als selbstverständliche Grundlage zu finden, sondern es geht immer um bestimmte Ausschnitte eines sozialen Tuns

→ neue Klassifikation vermeidet das Missverständnis Geschlecht sei eine feste Eigenschaft, die im Handeln Ausdruck findet

→ Doing Gender= interaktive Herstellung von Geschlecht und von dem was wir als natürliche Tatsachen betrachten

→ *konstruieren als ein im alltäglichen Handeln Geschlecht herstellen*

- **Beziehung zwischen diesen Dimensionen zeigt , dass die Natur eine kulturell gedeutete Sache ist, d.h. ist die Natur auch eine soziale Konstruktion**

6. Teilthema: Kritik an der Sex-Gender Unterscheidung 2: Goffman

➤ **Goffman: „Das Arrangement der Geschlechter" , 1994**
- Geschlechterverhältnis ist keine natürliche Tatsache
- Würde nicht bestreiten dass es irgendwo ein kleines Stück Natur gibt, damit beschäftigt er sich aber nicht
- **Geschlecht als soziales Phänomen**
  - **Keine natürliche Gegebenheit, sondern Ergebnis soziale Handelns**
    → Führt vor wie stark unsere Annahmen der Natur etwas sind, das wir im Alltagshandeln herstellen und wie stark sich das Alltagshandeln im Laufe der Zeit institutionell verfestigt hat
    → sieht wie weit der Ausdehnungsbereich des Sozialen ist und wie stark das Soziale dazu beiträgt Natur zu konstruieren
  - Goffman meint wir stellen in unserem täglichen Miteinander das her was wir für gegeben halten
  - Natur sei ein verfestigtes institutionalisiertes soziales Handeln
    → widerspricht dass es eine klare Grundlage für gesellschaftliche Ordnung gibt
  - Das was wir für gegeben halten hat sich im Laufe der Zeit allmählich segmentiert und verfestigt , die Verfestigung nennt man **Institutionalisierung**
- **Wechselspiel**
  - **Individuum und Gesellschaft**
  - **Interaktion und Institution**

➤ **„institutionelle Reflexivität"**
- Grundlegende These:
  - Frauen und Männer „arrangieren sich" entsprechend institutionalisierter Erwartungen. Arrangieren meint hier, sich nach bestimmten sozialen Regeln anordnen
  - Anordnung: Natur vs. Soziales Handlungsmuster
  - Das Handeln der Individuen reflektiert Institutionen, spiegelt also jene Muster wieder, die sich in Form von Institutionen verfestigt haben

- ➢   Bsp.: Paarbildung
  - Alltagsweltliche Annahmen:
    - Männer sind größer als Frauen
    - Männer sind stärker als Frauen
    - →Paare dienen als allgegenwärtiger Beleg
  - Warum haben diese körperlichen Merkmale eine soziale Dimension? Goffman argumentiert:
    - Statistisch ist die Körpergröße irrelevant. Würde man Paarbildung nach dem statistischen Zufallsprinzip vornehmen, gäbe es viele gleich große Paare und etliche Paare, bei denen die Frau den Mann überragen würde.
    - Paarbildung erfolgt selektiv. Die Individuen suchen sich Partner, und zwar nach einer unausgesprochenen Paarbildungsregel: größerer Mann, kleinere Frau.
    - Fazit: die nach der sozial institutionalisierten Form stattfindende, „passende" Partnerwahl reflektiert schließlich die institutionalisierte Norm und erweckt den Eindruck, die Natur haben es so eingerichtet.

7.   Teilthema: Kritik an der Sex-Gender Unterscheidung 3: Butler

- ➢   Judith: Butler: Gender Trouble, 1990
  - „Die Geschlechtsidentität (gender) umfasst auch jene diskursiven kulturellen Mittel, durch die „eine geschlechtliche Natur" oder ein „natürliches Geschlecht" als „vordiskursiv" d.h. als der Kultur vorgelagert oder als politisch neutrale Oberfläche, auf der sich die Kultur einschreibt, hergestellt und etabliert wird. Diese Produktion des Geschlechts als vordiskursive Gegebenheit muss umgekehrt als Effekt jenes kulturellen Konstruktionsapparates verstanden werden, den der Begriff „Geschlechtsidentität" (gender) bezeichnet."

- ➢   Butlers Hauptthese: Sex ist Teil von Gender und nicht präexistent
  - Gender umfasst immer auch schon die Konstruktion von sex
  - Dies erfolgt performativ, d.h. in Form von sprachlichen Bezeichnungen, in denen das Bezeichnete als Wirklichkeit hergestellt wird
  - Die sprachlichen Bezeichnungen sind nicht willkürlich wählbar, sondern durch zeithistorisch dominante Diskurse geordnet
  - Diskurse= Denksysteme, die ordnen, regeln und legitimieren
  - Sprechen= performativ, d.h. hat Handlungscharakter